EVELINA MUSCARELLO

CUORI D'ACCIAIO

Come Riconoscere Una Relazione Tossica e Guarire Se Stessi

Titolo

"CUORI D'ACCIAIO"

Autore

Evelina Muscarello

Editore

Bruno Editore

Sito internet

http://www.brunoeditore.it

Tutti i diritti sono riservati a norma di legge. Nessuna parte di questo libro può essere riprodotta con alcun mezzo senza l'autorizzazione scritta dell'Autore e dell'Editore. È espressamente vietato trasmettere ad altri il presente libro, né in formato cartaceo né elettronico, né per denaro né a titolo gratuito. Le strategie riportate in questo libro sono frutto di anni di studi e specializzazioni, quindi non è garantito il raggiungimento dei medesimi risultati di crescita personale o professionale. Il lettore si assume piena responsabilità delle proprie scelte, consapevole dei rischi connessi a qualsiasi forma di esercizio. Il libro ha esclusivamente scopo formativo.

Sommario

Introduzione — pag. 5
Capitolo 1: La crisi prima o poi arriva — pag. 8
Capitolo 2: La donna perfetta — pag. 25
Capitolo 3: Incontri sincronici — pag. 42
Capitolo 4: Visione pessimistica della vita — pag. 66
Capitolo 5: Discesa all'inferno — pag. 94
Conclusione — pag. 137

Introduzione

L'ennesimo libro che affronta il tema del narcisismo? Non proprio. Sul narcisismo sappiamo praticamente tutto: libri, articoli di giornale, film, saggi e video hanno tolto il velo auna realtà tipica, ma non solo, delle società capitaliste dell'Occidente.

Questo è un racconto liberamente ispirato a storie di vita caratterizzate dallo stesso comune denominatore: il narcisismo nelle relazioni umane e le sofferenze che genera nella vita degli individui coinvolti in queste relazioni tossiche. Vorrei far riflettere, in particolare, sull'altra faccia del problema: la dipendenza affettiva di coloro che attraggono come una calamita personalità con tratti narcisistici o veri e propri narcisisti, spesso inconsapevoli del loro disturbo di personalità, che rendono la vita delle loro "prede" un vero inferno.

Attraverso questo racconto vorrei evidenziare la figura del narcisista *covert*, una tipologia di persone che si presentano tranquille, simpatiche, persino empatiche, che ispirano fiducia al prossimo e sono molto amate e ricercate sia nella cerchia familiare, sia nel gruppo degli amici e conoscenti. In realtà sono persone alla continua ricerca di rispetto e ammirazione e che godono, grazie alla loro immagine di persone tranquille e disponibili verso il prossimo, di una grande considerazione sociale.

L'altra faccia della medaglia sono coloro che si legano a questi predatori affettivi, le prede che si ritrovano imprigionate in un tunnel di sofferenza dal quale non è semplice venire fuori. La buona notizia è che il dipendente affettivo, se diviene consapevole della sua condizione psicologica, può guarire e cambiare la sua vita in meglio.

La consapevolezza nasce dalla riflessione che ognuno, a modo suo, fa sulle proprie esperienze, ma essere consapevoli non basta: c'è bisogno di fare un passo in più; non basta lamentarsi per tutto quello che ci accade di negativo; c'è bisogno di lavorare su noi stessi e di farci aiutare da professionisti competenti come lo sono, ad esempio, gli psicoterapeuti, che possono offrire un valido aiuto per trovare la soluzione al problema della dipendenza affettiva.

La vita può essere meravigliosa oppure una fatica quotidiana: l'esito dipende principalmente da noi stessi. Se pensiamo che qualcuno al di fuori di noi stessi possa risolvere magicamente i nostri conflitti interiori, siamo in errore. Ognuno di noi deve fare il primo passo verso il cambiamento a cui aspira.

La protagonista del racconto, in piena crisi esistenziale, rivede il suo percorso di vita e si rende conto che i problemi che la fanno soffrire è stata lei stessa a crearli e cerca, a modo suo, una via d'uscita.

Ognuno deve trovare la soluzione adatta a se stesso; la soluzione è un abito su misura, non è un prodotto di fabbrica; ognuno ha la sua storia, le sue speranze, i suoi desideri nascosti; non esiste una ricetta universale che risolva la dipendenza affettiva; esiste, però, la volontà di uscire da uno stato mentale negativo, prima di tutto riconoscendolo, e di trovare il coraggio di chiedere aiuto rimettendosi in gioco.

Capitolo 1
La crisi prima o poi arriva

Per l'ennesima volta Elena cambiò idea su come trascorrere il pomeriggio di una piovosa domenica di ottobre. Dopo aver messo a posto la cucina, cominciò a pensare a come impiegare il tempo. "Vado a trovare una delle mie amiche?" pensò, e subito prese il telefono per comporre il numero di una certa Alessandra che non vedeva da tempo. Questa però non rispose, allora ne compose un altro appartenente a quella che, tra tutte le sue conoscenze, riteneva fosse l'amica più adatta a risollevargli l'umore, Daniela. Ma neanche lei rispose.

Dopo una breve riflessione, compose il numero di un'altra amica che considerava sensibile e discreta, Alessia, ma non fece neanche partire la chiamata: la voglia di uscire era improvvisamente sparita, la tristezza, la frustrazione e la rabbia si erano ripresentate o, forse, non erano mai andate via.

Si gettò sul divano disperata, ma non riusciva neanche a piangere; le lacrime erano esaurite, per il momento. Da cinque anni, in lei era in atto una metamorfosi interiore che la faceva soffrire terribilmente e della quale non parlava di proposito con nessuno, per non essere considerata malata.

Elena aveva superato i quarant'anni ed era sposata da quindici anni con Giuseppe, che riteneva essere l'uomo sbagliato per lei; aveva un figlio adolescente di nome Alessandro e, malgrado fosse mediamente istruita, colta e intelligente, non aveva ancora trovato uno straccio di lavoro che la facesse sentire pienamente realizzata. Nata nel maggio del 1975 nella bella Catania, a sei anni dalla sua nascita i suoi genitori si erano separati. I ricordi di quel periodo turbolento per la sua famiglia risalivano a quando Elena aveva quattro anni.

La madre Angela litigava continuamente con il padre Filippo per problemi di soldi e per le sue continue "scappatelle". Angela aveva un lavoro da cameriera, precario e sottopagato, e suo marito, malgrado guadagnasse bene con il suo negozio di fiori, sperperava i soldi tra donne, tabacco e automobili. Durante le ore di lavoro, Angela affidava Elena alla nonna Concetta e alla zia Francesca, in attesa di trovare un posto migliore e guadagnare un vero stipendio.

La piccola Elena, a causa delle frequenti liti fra i suoi genitori, era traumatizzata: di notte piangeva spesso e faticava a riaddormentarsi. La sera, quando l'amato padre Filippo tornava a casa, stava sempre vicino a lui e, la mattina seguente, appena sveglia, aveva l'abitudine di saltargli addosso per giocarci un po' prima che sparisse per il resto della giornata, facendola sentire sola e abbandonata.

SEGRETO n.1: un bambino ha bisogno di un ambiente familiare sereno per sviluppare un attaccamento sicuro che lo accompagni nella vita; i genitori, o chiunque se ne prenda cura, determinano senza saperlo la sua sicurezza o la sua insicurezza futura; il non essere "visto" e non essere appagato nel suo bisogno d'amore potrebbe minare alla base la sua vita.

Nonna Concetta era la classica nonna siciliana affettuosa, ma estremamente emotiva. Per lei amare significava preparare quantità esagerate di cibo per i propri figli e nipoti, significava sorvegliare attentamente i nipoti più piccoli per proteggerli dai pericoli della vita e raccontare favole in dialetto che nessuno, forse, racconta più nella Sicilia del Ventunesimo secolo.

Nonna Concetta, come del resto le zie di Elena e gran parte della popolazione siciliana del tempo, era anche molto superstiziosa e fatalista. Quando un membro della famiglia aveva il mal di testa o si sentiva spossato fisicamente, nonna Concetta lo conduceva subito in cucina e, dal gocciolatoio, prendeva un piatto fondo e gli versava dentro dell'acqua; in una tazzina da caffè, che teneva all'interno di uno stipetto della modesta cucina, c'era olio extravergine di oliva che, insieme a del sale fino, erano necessari per eliminare un improbabile "malocchio" lanciato da qualcuno invidioso o malvagio d'animo.

Quando assisteva al rituale del malocchio, Elena provava una strana sensazione, un misto di scetticismo e di imbarazzo; a quel tempo si sentiva come un astrofisico ateo che entra in una chiesa qualunque e vede i fedeli assorti in preghiera.

SEGRETO n.2: **la visione fatalista della vita, che attribuisce sempre a qualcuno o al destino la causa dei nostri problemi, convive spesso con quella razionale di fiducia nella scienza e nel progresso; se qualcuno ti vuole convincere che la vita è stabilita una volta per tutte, tu pensa che l'ultima parola deve essere la tua; anche se non si nasce sempre in situazioni familiari ideali, si può sempre fare del proprio meglio per migliorarle o ribaltarle del tutto.**

Prima dei sei anni di Elena, la madre Angela cominciò a lavorare come impiegata alle Poste centrali di Milazzo, in provincia di Messina, e decise di trasferirvisi, portando Elena con sé. Questo trasferimento fu molto traumatico per Elena, perché significò la perdita di una quotidianità rassicurante, scandita da abitudini e presenze familiari costanti.

La piccola Elena si ritrovò catapultata in luoghi a lei sconosciuti: una nuova città, un piccolo appartamento al secondo piano di una palazzina azzurra nuova che divideva con la madre, la quale faceva del suo meglio per conciliare il ruolo di mamma con quello di impiegata a tempo pieno. Per riuscire a crescere da sola la piccola Elena, la madre cominciò a stabilire una serie di regole di condotta che ad una bambina così piccola apparivano molto rigide; i divieti erano tanti ed Elena non li comprendeva, perché non erano spiegati, ma imposti con occhiate severe e toni minacciosi.

A poco a poco, l'esuberante e piena di vita Elena divenne introversa e capricciosa. Le giornate improvvisamente erano diventate lunghe, piene di obblighi, di rimproveri e di solitudine. Elena si sentiva spesso triste e insofferente e, a poco a poco, diventò timida.

SEGRETO n.3: l'eccessiva severità, così come la noncuranza, possono portare un bambino, che è naturalmente aperto alla vita e al mondo, a chiudersi in se stesso per difendersi dalla sofferenza che prova; se un bambino esuberante diviene timido, forse sta alzando dei "muri" per proteggersi dal dolore; potrebbe divenire un narcisista incapace di amare o un dipendente affettivo.

Anche adesso, diventata una donna adulta, le capitava spesso di sentirsi fuori posto o di non riuscire a sentirsi completamente a proprio agio. Nonostante facesse facilmente amicizia, provava la strana sensazione di non essere bene integrata, di essere spesso fraintesa o tenuta a distanza. Si chiedeva spesso il motivo di questa sensazione ricorrente ma, soprattutto, si chiedeva come mai non avesse un buon rapporto con il sesso opposto, come mai non riuscisse a dialogare con un uomo senza finire per polemizzare sull'argomento in discussione, qualunque fosse.

E perché i pochi uomini che aveva amato veramente l'avevano sempre tradita e abbandonata? Sua madre Angela, riferendosi ai suoi fallimenti amorosi, dava sempre la colpa al destino, come se qualunque cosa un uomo o una donna scegliesse di fare nella vita dipendesse da forze misteriose che non si possono controllare e che decidono il futuro di ognuno di noi.

Elena rifiutava l'idea che la propria vita fosse già scritta e che non si potesse fare nulla per cambiare la propria condizione sentimentale e sociale. Si ripeteva continuamente, senza troppa convinzione: "Io sono l'artefice del mio destino, io sono l'unica responsabile dei miei errori o dei miei successi".

SEGRETO n.4: l'impronta familiare ricevuta da bambini non si può cancellare; diventiamo adulti portandoci dietro un bagaglio di idee apprese dai nostri *caregiver* e di esperienze che ci rendono unici, forti o fragili; i nostri rapporti con gli altri sono inevitabilmente influenzati dalla nostra personalità, dal nostro carattere e da quello che abbiamo appreso durante i primi anni di vita; se ci rendiamo conto di questo, siamo già sulla buona strada per accettarci esattamente come siamo e avere un futuro migliore.

Primo Narciso

Nell'agosto del 1990, come ogni anno a partire da quello della separazione dei suoi genitori, Elena si recò in vacanza da suo padre che, rimasto a Catania, si era risposato. Partì da Milazzo con il pullman, da sola, in una mattina afosa e, dopo essere giunta alla stazione centrale delle ferrovie di Catania, si mise ad aspettare che il padre venisse a prenderla.

Era felice di aver affrontato quel breve viaggio senza la madre; si sentiva una donna adulta, pur essendo poco più di una bambina, e il bel panorama goduto durante il viaggio l'aveva messa di buon umore. Giunta alla stazione di Catania, telefonò al padre Filippo da una cabina telefonica per avvisarlo del suo arrivo in città e si sedette in attesa su una panchina fuori dalla stazione.

Dopo qualche minuto, si avvicinò una zingara che si offrì di leggerle il futuro. Elena, infastidita e spaventata al tempo stesso, rifiutò l'offerta. La zingara insisteva nel volerle leggere la mano, chiedendole in cambio qualsiasi cosa lei potesse offrirle; chiese, in particolare, la collanina d'oro appesa al collo di Elena, ma ricevette un altro no ancora più deciso.

Nonostante i ripetuti dinieghi di Elena, decise di rivelare alla quindicenne scettica e infastidita alcuni elementi del suo presente e del suo futuro. Guardandola negli occhi, con una voce profonda che suscitò in Elena sentimenti di paura mista a curiosità, le disse: "Sei innamorata di un giovane che ti farà soffrire e ti lascerà presto. Se vuoi posso fare qualcosa per non farti lasciare da lui". Elena sorrise pensando che la zingara stesse dicendo delle ovvietà, dal momento che aveva realizzato molto presto che ogni uomo e ogni donna si innamorano, almeno una volta nella vita, di qualcuno che li farà soffrire e che li lascerà.

Effettivamente Elena era innamorata, per la prima volta in vita sua, di un giovane uomo che aveva conosciuto alla fine dell'estate precedente, quando aveva solo quattordici anni. Era uscita con la sua amica Roberta a fare quattro passi per il centro di Milazzo, quando ancora non esistevano i centri commerciali ma tanti piccoli negozi concentrati nella via principale e più elegante della città. Guardava le vetrine e fantasticava sulla vita assieme all'amica.

Appena aveva incrociato lo sguardo di Armando, aveva sentito il suo cuore fermarsi un secondo per poi riprendere a battere all'impazzata. Così aveva compreso il significato dell'espressione "colpo di fulmine". Quel pomeriggio lei e Armando, nel giro di pochi minuti, si erano presentati su iniziativa di lui e avevano fatto amicizia. Dopo un breve corteggiamento durato pochi giorni, si era fatto avanti sembrando sinceramente interessato ad approfondire la conoscenza di Elena.

Elena non aveva alcuna esperienza di situazioni amorose, non conosceva l'animo maschile, non sospettava neanche lontanamente che dietro al bel viso di un uomo si possano celare varie intenzioni, più o meno limpide, vari desideri, più o meno leciti, vari inganni o disturbi di personalità più o meno gravi. L'unica cosa certa era la bontà dei suoi sentimenti nei confronti di Armando e la speranza di essere ricambiata.

Lui invece era un inguaribile farfallone di ventuno anni che amava collezionare giovani ragazze minorenni alle quali faceva credere che potessero avere un futuro in sua compagnia; per lui era importante riuscire a conquistare giovani prede per alimentare il suo ego smisurato che si nutriva dell'ammirazione di ragazze ingenue e inesperte.

SEGRETO n.5: un uomo con tratti narcisistici, o un narcisista vero e proprio, si sente irresistibilmente attratto da persone che, oltre a essere belle, intelligenti, magari di successo, sono anche molto empatiche e bisognose d'affetto; avverte istintivamente la fragilità emotiva della sua "preda" e inizia un corteggiamento fatto di bugie, attenzioni esagerate ed eccessiva disponibilità, allo scopo di apparire come l'uomo ideale, quello che ogni donna vorrebbe al suo fianco.

Durante il primo appuntamento con Elena, Armando si rese conto di avere a che fare con una ragazza inesperta in affari di cuore, un'adolescente carina, dolce e ingenua; fingendo falsi scrupoli di coscienza, confessò, apparentemente con difficoltà, di essere fidanzato con un'altra ragazza, una certa Cettina, che viveva in un'altra città, aggiungendo anche che era obbligato a sposarla.

Il fidanzamento ufficiale nel sud d'Italia negli anni Novanta era equiparato, per importanza, al matrimonio e tirarsi indietro non era un'opzione semplice e indolore da mettere in pratica. Per i pochi coraggiosi che rompevano la promessa di matrimonio si profilava un periodo d'inferno, fatto di liti tra le famiglie dei consuoceri, di pettegolezzi infiniti tra la cerchia sociale degli ex fidanzati e di malumori che si protraevano per lungo tempo.

Armando, però, non pensava neanche lontanamente dimettersi contro la sua famiglia e di affrontare l'ira dei suoceri qualora avesse rotto il fidanzamento; dopotutto lavorava lontano dalla sua città d'origine e questa lontananza gli permetteva di svolazzare qua e là, sempre in cerca di nuove prede da affascinare, da sedurre, essendo bello fisicamente e provvisto di notevole abilità di parola.

Elena era diversa dalle altre giovani ragazze con le quali lui cercava avventure sessuali e, fin dalle prime uscite, cominciò a nutrire per lei un briciolo di tenerezza e ammirazione; con lei, vista la giovane età, si limitò a parlare, a passeggiare, a qualche bacio prima di riaccompagnarla nei pressi di casa. Dopotutto Elena, con la sua malcelata adorazione nei suoi confronti, alimentava il suo fragile ego bisognoso di continue conferme. Era una storia semi-platonica, come non ce ne sono molte di questi tempi.

Dopo qualche mese, Armando propose a Elena un patto d'amore: sarebbero rimasti insieme fino a quando lui non si fosse sposato, poi non si sarebbero più visti né cercati. Elena accettò quella assurda condizione pur di continuare a vederlo, con la segreta speranza che lui, con il tempo, cambiasse idea e scegliesse di stare con lei.

Armando continuò per più di un anno a destreggiarsi abilmente tra storielle diverse, facendo credere a tutte le sue prescelte di essere innamorato ma costretto a sposarsi. A ognuna di esse dava l'illusione di essere la donna con un posto speciale nel suo cuore. Ma la realtà era ben diversa. Come tutti i narcisisti, Armando non amava nessuna delle donne che conquistava, aveva soltanto bisogno di attenzioni continue e si nutriva del loro amore puro che andava ad alimentare il suo fragile ego.

SEGRETO n.6: il/la narcisista, dopo aver catturato l'attenzione della sua preda, comincia molto presto a destabilizzarla psicologicamente con quella che viene definita dagli esperti di psicologia "tecnica di triangolazione": la rende insicura e gelosa flirtando apertamente con altre persone o introducendo un antagonista assente fisicamente, ma presente nei suoi dialoghi con la vittima.

RIEPILOGO DEL CAPITOLO 1:
- SEGRETO n.1: un bambino ha bisogno di un ambiente familiare sereno per sviluppare un attaccamento sicuro che lo accompagni nella vita; i genitori, o chiunque se ne prenda cura, determinano senza saperlo la sua sicurezza o la sua insicurezza futura; il non essere "visto" e non essere appagato nel suo bisogno d'amore può minare alla base la sua vita.
- SEGRETO n.2: la visione fatalista della vita, che attribuisce sempre a qualcuno o al destino la causa dei nostri problemi, convive spesso con quella razionale di fiducia nella scienza e nel progresso; se qualcuno ti vuole convincere che la vita è stabilita una volta per tutte, tu pensa che l'ultima parola deve essere la tua; anche se non si nasce sempre in situazioni familiari ideali, si può sempre fare del proprio meglio per migliorarle o ribaltarle del tutto.
- SEGRETO n.3: l'eccessiva severità, così come la noncuranza, possono portare un bambino, che è naturalmente aperto alla vita e al mondo, a chiudersi in se stesso per difendersi dalla sofferenza che prova; se un bambino esuberante diviene timido, forse sta alzando dei "muri" per proteggersi dal dolore; potrebbe divenire un narcisista incapace di amare o un dipendente

affettivo.

- SEGRETO n.4: l'impronta familiare ricevuta da bambini non si può cancellare; diventiamo adulti portandoci dietro un bagaglio di idee tramandate dai *caregiver* e di esperienze che ci rendono unici, forti o fragili; i nostri rapporti con gli altri sono inevitabilmente influenzati dalla nostra personalità, dal nostro carattere e da quello che abbiamo appreso durante i primi anni di vita; se ci rendiamo conto di questo, siamo già sulla buona strada per accettarci come siamo e avere un futuro migliore.

- SEGRETO n.5: un uomo con tratti narcisistici, o un narcisista vero e proprio, si sente irresistibilmente attratto da persone che, oltre a essere belle, intelligenti, magari di successo, sono anche molto empatiche e bisognose d'affetto; avverte istintivamente la fragilità emotiva della sua "preda" e inizia un corteggiamento fatto di bugie, attenzioni esagerate ed eccessiva disponibilità, allo scopo di apparire come l'uomo ideale, quello che ogni donna vorrebbe al suo fianco.

- SEGRETO n.6: il/la narcisista, dopo aver catturato l'attenzione della sua preda, comincia molto presto a destabilizzarla psicologicamente con quella che viene definita dagli esperti di psicologia "tecnica di triangolazione": la rende insicura e gelosa flirtando apertamente con altre persone o introducendo un antagonista assente fisicamente, ma presente nei suoi dialoghi con la vittima.

Capitolo2
La donna perfetta

Come sempre, dopo cena Elena mise in perfetto ordine la cucina, si struccò accuratamente il viso, si mise a letto e si addormentò. La mattina seguente si svegliò preoccupatissima: aveva fatto un sogno angosciante. Aveva sognato di perdere un dente, per giunta un incisivo superiore. Consultò preoccupata i suoi due libri dei sogni, sperando che il significato non fosse troppo funesto. Malgrado si proclamasse una donna razionale e per nulla superstiziosa, dava una grande importanza ai sogni che faceva.

Con sorpresa lesse due significati diversi e la confusione prese il posto dell'angoscia. Il primo libro, un vecchio testo sull'interpretazione dei sogni acquistato almeno un ventennio prima, considerava positivo il sogno e, a proposito del dente caduto, diceva: "Prossima liberazione da una situazione pesante". Elena sorrise pensando che tutta la sua esistenza era stata scandita da situazioni pesanti; un po' risollevata, passò in rassegna il secondo libro, che considerava varie ipotesi, dalla perdita di una persona cara a perdite economiche.

Dopo aver provato un brivido di terrore, durato una frazione di secondo, al pensiero del funerale di qualche membro della sua famiglia, sorrise nuovamente: le perdite economiche accumulate negli anni erano divenute una delle poche certezze nella vita di Elena che, per varie ragioni, non aveva ancora trovato la sua dimensione lavorativa. Pensò inoltre che fosse una contraddizione enorme credere ai sogni o alle previsioni sul futuro.

SEGRETO n.1: le donne come Elena sono piene di contraddizioni con le quali convivono quotidianamente; gli stati d'animo vanno dalla paura all'ansia, all'insicurezza, che impediscono di essere centrate su se stesse e sui propri obiettivi e di vivere una vita armoniosa e gratificante.

Per superare la fastidiosa sensazione di angoscia, preparò una colazione più abbondante del solito. Alla solita tazza di latte macchiato, un cucchiaino di miele d'acacia e tre fette biscottate rigorosamente rettangolari, aggiunse un paio di biscotti ipercalorici con pezzi di cioccolato, di una nota marca di prodotti da forno, e anche una fetta di melone gialletto molto matura, succosa e dolce. Divorò il tutto in pochi minuti: l'ansia le impediva di gustare il cibo con la dovuta calma e, di conseguenza, la sua pancia era perennemente gonfia e dolorante. Si guardò intorno: la casa attendeva le sue cure.

Elena era una maniaca dell'ordine; le sue giornate erano caratterizzate da una frenetica attività all'interno delle mura domestiche che un qualsiasi psicologo avrebbe diagnosticato come un DOC, sigla che sta per "disturbo ossessivo compulsivo". Dopo aver rassettato il letto matrimoniale e il lettino del figlio, il suo rigido programma di pulizie prevedeva l'uso di aspirapolvere, da passare in tutte le stanze della casa, panno umido e panno asciutto per debellare fino all'ultimo granello di polvere, detersivi di varia composizione e marca per detergere tutto quello che poteva essere lavato e lucidato.

E poi c'erano i panni da lavare, stendere e stirare; c'era la spesa da fare, il pranzo e la cena da mettere a tavola, una catena di montaggio che molte donne con questa patologia conoscono bene.

Del resto aveva cominciato a prendere confidenza con scope, palette, spazzoloni e strofinacci già quando era una bambina.

SEGRETO n. 2: dell'ossessione di pulire continuamente la casa, al pari di altri disturbi comportamentali, non si conoscono le cause precise, ma si parla di fattori di rischio, come la presenza in famiglia di soggetti con ossessioni simili ed eventi traumatici o stressanti; in ogni caso, si manifestano in giovane età.

Nata a metà degli anni Settanta in una Sicilia in rapido cambiamento, ma pur sempre ancorata a certi valori e alle credenze del passato, Elena era stata educata a metà strada tra *Anna dai capelli rossi* e *Lady Oscar*, le protagoniste di due serie di cartoni animati della sua infanzia e adolescenza.

Anna era una bambina docile, adottata da una donna burbera che non rideva mai e che si lamentava continuamente. Madamigella Oscar, invece, era l'unica figlia di un nobile vedovo, generale della Guardia Reale alla corte di Francia, che avrebbe voluto un figlio maschio e perciò aveva educato Oscar come se fosse un ragazzo, avviandola alla carriera militare nella Francia monarchica di Maria Antonietta e Luigi XVI, finché era diventata comandante della Guardia Reale.

Anche Elena, come lady Oscar, aveva sentito il peso di essere la figlia maggiore, quella che deve essere perfetta, brava a scuola e ubbidiente a casa, gentile e beneducata, quella che lotta per conquistare il suo posto al sole in famiglia e nella società.

SEGRETO n. 3: non compiacere gli altri per farti amare; ci sarà sempre qualcuno a cui non piacerai, nonostante i tuoi sforzi per essere socialmente accettato/a e ci sono molte persone, invece, a cui potresti piacere di più se ti mostrassi imperfetto/a come sei, perché i tuoi difetti ti distinguono dal resto del mondo e compongono il tuo carattere inimitabile.

I primogeniti e le primogenite spesso devono lottare per affermare se stessi più dei fratelli, che si trovano la strada spianata, dato che i loro genitori, fiaccati dalla fatica di crescere ed educare il primo figlio, sono più disponibili con gli altri figli a cedere su tutta una serie di questioni.

Social dipendenza

Dopo qualche anno dall'esordio di *Facebook*, Elena si era iscritta anche lei a quel luogo virtuale dove tutti postano foto di amici o di se stessi mentre mangiano, bevono, si baciano, a casa o nei locali, con i bicchieri in mano.

Se un alieno si limitasse a osservare i *social network* per tentare di comprendere l'essere umano, l'immagine che si farebbe del pianeta Terra e dei suoi abitanti potrebbe essere quella di creature che passano gran parte del loro tempo a fare *selfie*; potrebbe convincersi di essere in un mega teatro dove tutti recitano una parte. E non sarebbe poi così lontano dalla realtà.

Prima di iscriversi su *Facebook*, Elena preferiva di gran lunga i rapporti faccia a faccia ma poi, dopo essersi iscritta, cominciò ad apprezzare le citazioni colte – spesso postate da chi non legge un libro dai tempi della scuola media, ma vuole fare bella figura – e a guardare avidamente video divertenti o strappalacrime, anche se detestava le nuove e infinite catene di San Antonio e i messaggi politici più o meno pericolosi per menti facilmente manipolabili.

Aveva caricato sul computer le sue foto migliori, quelle in cui era vestita meglio e in cui aveva i capelli a posto e un filo di trucco. Dopo poche ore dal suo ingresso nel social numero uno al mondo, aveva cominciato a ricevere richieste di amicizia da amici, conoscenti e uomini a lei sconosciuti, spuntati improvvisamente come funghi dopo le prime piogge autunnali.

Dopo pochi giorni, era diventata social dipendente; già dal mattino "spulciava" le novità giunte sul suo profilo, oppure guardava i profili altrui alla ricerca di nuove foto, materiale per eventuali *gossip* tra amici. Dove era finita la Elena profonda, colta, idealista, che sognava di cambiare il mondo, di non uniformarsi ai comportamenti delle masse e di non scendere a compromessi? Si era fatta tentare anche lei dal desiderio di apparire, di mostrarsi, di sedurre il prossimo ed era stata risucchiata da un meccanismo perverso che finisce per creare un'altra dipendenza tra le tante esistenti.

Il suo bisogno d'amore, la sua vanità e la sua voglia di novità l'avevano condotta in quell'universo parallelo in cui tutti hanno amici che però non frequentano o non incontrano mai, ma che sanno molte cose su tutti, perché sono "tutti" che spontaneamente le fanno sapere. Nonostante la dipendenza da computer e telefonino, la sua vita non era migliorata di una virgola e la sensazione di solitudine che l'attanagliava non l'abbandonava un solo giorno. Era necessario un cambiamento radicale di vita.

SEGRETO n.4: ci sono momenti in cui si sente forte l'esigenza di cambiare vita, ma cambiare non è facile, fa paura, occorre coraggio, determinazione, un progetto personale da realizzare e una buona dose di sano egoismo.

Si mise a riordinare la casa: senza alcun entusiasmo, entrò come ogni giorno nelle due camere da letto per cercare panni sporchi e maleodoranti da trasferire in lavatrice, fazzoletti di carta abbandonati, scarpe lasciate all'ingresso da riporre nella scarpiera, carica batterie inerti sul pavimento in attesa di cellulari affamati di energia elettrica, auricolari aggrovigliati.

Si ricordò di una frase pronunciata anni prima dalla sua estetista e amica Antonia, che le stava applicando la ceretta depilatoria sulle gambe: "Il matrimonio è la tomba dell'amore", diceva spesso. A quel tempo Elena aveva ritenuto la frase alquanto esagerata e troppo pessimistica, soprattutto per lei che era in procinto di convolare a nozze con la certezza che il suo matrimonio sarebbe stato felice. A venticinque anni non poteva pensare che l'amore può anche finire, che niente è per sempre, che le persone possono cambiare idea; poteva solo avere la presunzione tipica dei ventenni, poteva solo credere che tutta la sua vita sarebbe stata migliore di quella dei suoi genitori e che il suo matrimonio sarebbe durato per sempre.

Dopo quindici anni, aveva cominciato a pensare che l'amica estetista, forse, aveva ragione. Antonia aveva un marito disoccupato che campava sulle sue spalle e non l'aiutava molto a crescere il loro bambino di pochi mesi; il bimbo passava i pomeriggi sul dondolino a guardare la mamma che strappava peli a donne in procinto di affrontare la prova costume o di uscire per un appuntamento con un nuovo fidanzato.

Tra una ceretta, una pulizia del viso e una pedicure, le donne si confessavano sui vari aspetti della vita, e l'argomento più gettonato era l'amore. L'estetista Antonia ascoltava passivamente le confessioni spontanee delle sue giovani clienti sulle loro relazioni d'amore con fidanzati o giovani mariti e, in cuor suo, le compativa. Pensava che, prima o poi, ognuna di loro avrebbe perso l'entusiasmo tipico dei primi anni d'amore e si sarebbe ritrovata infelice e a desiderare di non essersi mai sposata.

Paura di invecchiare
La crisi esistenziale di Elena aveva radici lontane. Gli psicologi sostengono che, intorno ai quarant'anni, per molti comuni mortali comincia una riflessione seria sulla vita, su dove si sta andando, su quello che è stato fatto ma, soprattutto, su quello che non si è potuto fare.

Elena si svegliò un bel giorno con il terrore di invecchiare, senza nemmeno aver potuto fare quel benedetto viaggio in Francia, o in Gran Bretagna, che tanto desiderava, senza aver mai provato a sciare, senza aver mai osato ubriacarsi, neanche una volta, per la curiosità di verificare come ci si sente beati subito e come si sta male il giorno dopo, senza aver mai fumato una cancerogena e puzzolente sigaretta.

Per quarant'anni aveva sempre rigato dritto; aveva portato avanti i suoi ideali, oramai sbiaditi, di un mondo migliore dove non ci fosse la guerra, la corruzione, le ingiustizie, la povertà, le degne utopie dei sognatori a occhi aperti. Aveva creduto di poter essere felice per il semplice fatto di avere una casa, un'utilitaria, un marito e un figlio e che non avrebbe desiderato altro nella vita.

Ma la nuova ruga sotto la palpebra inferiore dell'occhio destro era lì, maledetta, a ricordarle che il tempo avanzava a passo veloce e che c'erano ancora tante cose che voleva fare, tanti nuovi desideri da trasformare in realtà, tanti luoghi da visitare. I suoi capelli, con il passare del tempo, non erano più come prima; da folti e corposi, per una strana metamorfosi in atto durante la gravidanza, erano diventati sottili e capricciosi; la sua pelle si stava riempiendo di antiestetiche macchie marroni, regalo delle abbronzature estive. Meno male, pensava, che esisteva la tintura per capelli, ma era una costosa schiavitù mensile e, per di più, inquinava il mondo, aspetto che la faceva sentire in colpa.

Il suo corpo aveva retto molto bene l'urto degli anni, dei cibi ipercalorici che denigrava in pubblico ma che in realtà amava e mangiava, e aveva retto bene alla gravidanza; il seno non era più molto tonico e la pancetta non ne voleva sapere di sparire, ma complessivamente era una bella donna che molti uomini trovavano interessante e sensuale, magari per un'avventura di un giorno.

SEGRETO n.5: quando indossiamo una maschera per affrontare la vita e gli altri, ci stiamo allontanando da noi stessi; dobbiamo avere il coraggio di mostrare il nostro vero volto; chi lo apprezza è in sintonia con noi e, probabilmente, ha una visione della vita simile alla nostra.

Elena sognava un mondo in cui gli uomini sono belli, intelligenti, colti e disposti a tutto per far felice una donna. In questo mondo ideale, non c'era spazio per la violenza fisica o verbale, per l'arroganza, la menzogna, la mediocrità e l'anaffettività di uomini e donne impegnati a fare soldi, carriera, a mentire, a usare e abbandonare cose e persone con la velocità della fibra ottica.

Al giro di boa della vita, Elena cominciava a credere che il mondo andasse avanti sempre nella direzione sbagliata. Gli ultimi cinque anni erano trascorsi in fretta, ma avevano determinato cambiamenti irreversibili nella sua mente; aveva compreso di non poter più andare avanti in quel modo. La sua vita era diventata ripetitiva, piatta, senza più stimoli e lei stava perdendo la capacità di progettare il futuro, la gioia di essere al mondo. Niente le dava piacere, neanche i meravigliosi tramonti sul mare ben visibili dalle finestre della sua cucina.

Si alzava a fatica dal letto pensando che una nuova giornata di azioni routinarie l'avrebbe spossata; appena alzata desiderava ardentemente il momento in cui sarebbe tornata nuovamente a letto per staccare la spina che la teneva unita alla vita reale. La depressione che si portava dietro da anni le aveva regalato un'espressione malinconica che faceva apparire il perfetto ovale del suo volto invecchiato e stanco. Il suo medico curante aveva azzardato l'ipotesi della presenza di questa condizione patologica, ma Elena, non volendo ammettere di avere un problema di salute, si era affrettata a spiegargli che aveva perso suo padre da pochi anni e che non si era ancora abituata alla sua assenza.

Sicuramente la morte prematura di suo padre Filippo, causata da un incidente d'auto, aveva innescato la bomba interiore presente in Elena e l'aveva costretta a riflettere seriamente sul senso della vita, su dove stesse andando, su quanto fosse breve l'esistenza. Ma la mancanza dell'adorato padre non era l'unica ragione della sua profonda infelicità. L'orgoglio smisurato impediva a Elena di riconoscere i suoi stessi errori e di non aver mai fatto molto per cambiare la sua condizione personale. Quando le cose non seguivano i suoi desideri, preferiva dare la colpa agli altri.

Era colpa dei suoi genitori per averle consigliato la scuola sbagliata, per aver avuto un'adolescenza problematica e per essersi sposata con l'uomo sbagliato. I suoi genitori, in realtà, avevano cercato di fare ciò che credevano giusto fare per proteggerla e avviarla alla vita adulta, pur facendo errori dettati dalla paura e dalle loro false credenze. Elena si era convinta di essere infelice unicamente a causa loro e, pur amandoli, nutriva per entrambi sentimenti contrastanti.

SEGRETO n.6: dare la colpa agli altri per le proprie scelte sbagliate, significa non prendersi le proprie responsabilità; essere adulti comporta divenire responsabili di ciò che

scegliamo di fare; se la scelta si rivelerà giusta, sarà merito nostro; altrimenti sarà responsabilità nostra che ci permetterà di imparare una lezione.

RIEPILOGO DEL CAPITOLO 2:

- SEGRETO n.1: le donne come Elena sono piene di contraddizioni con le quali convivono quotidianamente; gli stati d'animo vanno dalla paura all'ansia, all'insicurezza, che impediscono di essere centrate su se stesse e sui propri obiettivi e di vivere una vita armoniosa e gratificante.
- SEGRETO n.2: dell'ossessione di pulire continuamente la casa, al pari di altri disturbi comportamentali, non si conoscono le cause precise, ma si parla di fattori di rischio, come la presenza in famiglia di soggetti con ossessioni simili ed eventi traumatici o stressanti; in ogni caso, si manifestano in giovane età.
- SEGRETO n.3: non compiacere gli altri per farti amare; ci sarà sempre qualcuno a cui non piacerai, nonostante i tuoi sforzi per essere socialmente accettato/a e ci sono molte persone, invece, a cui potresti piacere di più se ti mostrassi imperfetto/a come sei, perché i tuoi difetti ti distinguono dal resto del mondo e compongono il tuo carattere inimitabile.
- SEGRETO n.4: ci sono momenti in cui si sente forte l'esigenza di cambiare vita, ma cambiare non è facile, fa paura, occorre coraggio, determinazione e una buona dose di

sano egoismo.

- SEGRETO n.5: quando indossiamo una maschera per affrontare la vita e gli altri, ci stiamo allontanando da noi stessi; dobbiamo avere il coraggio di mostrare il nostro vero volto; chi lo apprezza è in sintonia con noi e, probabilmente, ha una visione della vita simile alla nostra.
- SEGRETO n.6: dare la colpa agli altri per le proprie scelte sbagliate, significa non prendersi le proprie responsabilità; essere adulti comporta divenire responsabili di ciò che scegliamo di fare; se la scelta si rivelerà giusta, sarà merito nostro; altrimenti sarà responsabilità nostra che ci permetterà di imparare una lezione.

Capitolo 3
Incontri sincronici

Era il mese di agosto 2015. Elena si trovava con Giuseppe e il figlio Alessandro per una breve vacanza a Scilla, piccolo gioiello paesaggistico della Calabria, in provincia di Reggio Calabria. Era sera e stavano seduti sul balconcino dell'appartamento con vista sul mare preso in affitto per una settimana.

Elena si godeva il fresco della brezza marina che faceva dimenticare l'afa diurna; davanti a sé aveva il mare blu notte e le luci del lungomare che si riflettevano sull'acqua che emetteva un dolce suono rassicurante; c'era molta gente che passeggiava e conversava su qualunque argomento.

L'atmosfera vacanziera e la temperatura gradevole la spinsero a uscire con il marito e il figlio a prendere qualcosa di fresco al bar aperto sotto casa. Dal tavolino del bar, mentre suo figlio era intento a macchiarsi i vestiti con un enorme gelato al cioccolato, vide Nino, un suo compagno delle superiori, avanzare verso di lei. Dopo qualche secondo di sorpresa, si salutarono calorosamente e cominciarono ad aggiornarsi sugli avvenimenti accaduti negli ultimi quindici anni che riguardavano gli altri compagni di classe, che Elena aveva perso di vista.

Nino era informatissimo su tutti i componenti della quinta B della scuola superiore che Elena aveva frequentato durante l'adolescenza e le fece volentieri un riassunto della loro situazione: quasi tutti i loro compagni si era sposati, avevano messo al mondo un paio di figli a testa, avevano comprato casa e lavoravano.

Elena si sentì stranamente a disagio al pensiero di essere l'unica della sua classe a non avere un lavoro, a essere casalinga. Era stata tra i più brillanti della classe, si era diplomata con un voto lusinghiero, ma poi si era arenata. Dopo il diploma, aveva deciso di non proseguire gli studi. Era fermamente convinta che quella fosse la scelta giusta: sarebbe stata felice di lavorare e dividere la propria vita con il suo Giuseppe, che sarebbe stato sicuramente un buon marito e un ottimo padre per i loro futuri figli, se ne avessero avuti.

I sogni adolescenziali di Elena, però, erano diversi dalla vita reale. Già prima del matrimonio, lei e Giuseppe litigavano spesso per varie ragioni, dalle più banali alle più serie. Non andavano d'accordo su niente e le divergenze aumentavano ogni giorno. Alla vigilia delle nozze, Elena era assalita da mille dubbi, pensava continuamente: "Sto facendo la cosa giusta?"

Una mattina di primavera, sua madre Angela le chiese: "Elena, perché sei sempre arrabbiata con Giuseppe? Cosa c'è che non va tra di voi? Se non sei più sicura di volerlo sposare, non sei obbligata a farlo". Elena rimase sorpresa: sua madre aveva capito che i problemi tra lei e il suo ragazzo erano seri, nonostante gli sforzi che faceva per dissimulare i suoi sentimenti.

Elena non si confidava molto con sua madre; il loro rapporto madre-figlia era stato molto conflittuale durante l'infanzia e la prima adolescenza e questo aveva portato Elena a non avere fiducia in lei né in nessun'altra persona, a chiudersi a riccio, tenendo le emozioni dentro di sé; non riusciva a raccontarle i suoi dubbi, il suo tormento interiore.

SEGRETO n.1: una relazione sana non genera dubbi e tormenti; se una relazione è caratterizzata da litigi e incomprensioni continue, può significare un'incompatibilità caratteriale oppure una volontà di dominare l'altro e di sottometterlo al proprio volere; chi ama veramente non vuole il controllo dell'altro, ma il bene dell'altro.

Giuseppe si presentava come l'uomo perfetto: alto, bello, occhi grandi e azzurri, con un impiego alle Poste che significava, soprattutto in quel periodo, posto fisso, stipendio fisso e diritti garantiti; inoltre appariva gentile, beneducato, affettuoso. Le amiche di Elena lo guardavano con ammirazione e invidiavano l'amica per aver trovato un bravo ragazzo, con un lavoro sicuro e anche bello.

Elena, però, conosceva lati nascosti e non proprio piacevoli del "bravo ragazzo", che consistevano in un'esasperante gelosia e possessività, in una preoccupante parsimonia e nella brutta abitudine di criticare ferocemente i suoi amici e parenti più cari. Così giovane e così severo, così bello e così presuntuoso nei suoi giudizi affrettati, facile alle condanne morali verso chiunque non fosse suo amico o non fosse allineato con i suoi pensieri. Qualsiasi psicologo avrebbe sospettato di avere davanti un uomo egocentrico con tratti narcisistici, ma Elena era troppo giovane e inconsapevole di sé per capire che stava commettendo un grave errore sposandolo.

Come accade spesso alle donne colpite dalla sindrome della crocerossina, pensò: "Dopo il matrimonio, le cose tra noi due andranno sicuramente meglio". Già durante il viaggio di nozze, però, cominciò a rendersi conto di aver fatto un passo azzardato: si era voluta sposare dopo pochi anni di fidanzamento, pensando di conoscerlo bene, ma si era sbagliata. Soltanto il giorno dopo la sontuosa cerimonia di matrimonio, voluta dai genitori di entrambi i fidanzati per fare bella figura con parenti e amici, aveva provato la strana sensazione di trovarsi accanto a un uomo diverso da quello che pensava di conoscere.

Giuseppe aveva presto mutato atteggiamento e cominciato ad agire secondo la sua vera indole. Pur riluttante a fare il viaggio di nozze per ragioni puramente finanziarie, accontentò Elena, ma le rese la luna di miele un piccolo inferno. Per non spendere troppo, fece tappa nelle città in cui erano presenti parenti o amici che potessero ospitarli, oppure si fermava in alberghi e in locali in cui si potesse soggiornare e mangiare a poco prezzo. Ovunque andassero, si lamentava del fatto che stavano spendendo troppi soldi; il denaro era una sua preoccupazione costante, forse l'unica che avesse.

SEGRETO n.2: l'uomo con tratti narcisistici, o il narcisista vero e proprio, può essere ossessionato dal denaro; per lui non è solo il mezzo per garantirgli serenità, ma anche il mezzo per ottenere uno status sociale più elevato e un potere maggiore; non ama sprecarlo ma ama accumularlo: da qui può derivare, in certi individui, un'eccessiva parsimonia e la costante preoccupazione di non averne abbastanza.

Nuova vita
I primi mesi da sposini li trascorsero, come accade frequentemente, a sistemare la loro casa, che mancava di tutto. I giorni si susseguivano ed Elena era impegnata a rendere accogliente il loro nido d'amore, riempiendo la dispensa, pulendo e cucinando.

Archiviato il viaggio di nozze, sembrava comunque felice di vivere una vita semplice. A quel tempo aveva bisogno di stabilità e di pace interiore e la vita tranquilla da giovane moglie piena di sogni e speranze le sembrava congeniale. Giuseppe le aveva fatto conoscere i suoi colleghi di lavoro e le rispettive famiglie per farla sentire parte del suo mondo. Nuovi amici, nuova casa, nuova vita. Le cose tra lei e Giuseppe, apparentemente, si stavano mettendo a posto.

Al terzo mese di matrimonio, però, si presentò la novità. Era settembre ed Elena si accorse di avere un ritardo del ciclo mestruale. Cominciò a fare mente locale: "Quando è potuto accadere?". Dopo il matrimonio, paradossalmente, i rapporti sessuali tra lei e Giuseppe erano diminuiti d'intensità e anche di frequenza. Quel mese, poi, per varie ragioni i contatti intimi con suo marito erano stati scarsi ed Elena non credeva affatto di poter essere incinta.

Dopo una decina di giorni, si decise a fare il test di gravidanza scoprendo, con sorpresa, di aspettare un bambino. Superati i primi istanti di stupore, cominciò a sentirsi euforica: stava per diventare mamma di un cucciolo d'uomo. Non vedeva l'ora di tornare a casa e dare la notizia a Giuseppe, immaginando che lui, una volta saputa la novità, provasse la gioia che stava provando lei e che l'abbracciasse forte e la baciasse felice; sperava che lui volesse festeggiare la notizia portandola fuori a cena.

All'ora di pranzo, Giuseppe tornò dal lavoro, si tolse la camicia bianca e i pantaloni grigi e indossò soltanto un paio di bermuda di cotone, rimanendo a torso nudo per riprendersi dallo scirocco che da qualche giorno aveva fatto innalzare la temperatura in città. Entrò in cucina, salutò Elena con un bacio frettoloso sulle labbra e si sedette a capotavola, affamato come sempre, in attesa che lei gli riempisse il piatto con una quantità esagerata di pasta.

Elena a fatica aspettò che Giuseppe finisse di divorare velocemente il pranzo e, impaziente come non mai, gli disse in pochi secondi che aspettava un bambino, il loro bambino. Giuseppe la guardò come se parlassero del risultato delle elezioni amministrative: si alzò dalla sedia e, senza rispondere, si andò a sdraiare sul divano. Elena sentì una stretta allo stomaco e pensò: "È questa la reazione di un uomo alla notizia che diventerà padre?"". La delusione per la fredda reazione del marito a una notizia così importante per il loro futuro fu molto forte. Lo guardò e gli chiese: "Sei contento? E Giuseppe, come faceva sempre quando non voleva dare una risposta, replicò alla domanda con un'altra domanda: "Tu sei contenta?"".

Elena non credeva alle sue orecchie: suo marito stava evitando di rispondere a una domanda alla quale avrebbe dovuto rispondere senza alcuna esitazione, almeno secondo quanto lei aveva immaginato quella mattina. Nonostante la delusione, Elena non mollò la presa e disse: "Mi sembri contrariato, non sei contento?" Giuseppe si limitò a rispondere: "Cosa dovrei fare?" Ma, leggendo il disappunto negli occhi di Elena, aggiunse: "Sono contento".

A quel punto Elena riprese a lavare i piatti, rimuginando sulla strana reazione del marito. "Per quale ragione un uomo che si dichiara innamorato della moglie non è felice di apprendere una notizia tanto bella?". Simili interrogativi affollavano la mente di Elena; stentava a digerire le parole e il comportamento del marito che apparivano ai suoi occhi incomprensibili. Era troppo giovane e inesperta per comprendere le sfumature dell'animo umano; troppo giovane per sapere che non tutti gli uomini fanno i salti di gioia alla notizia dell'arrivo di un figlio. Ancora non aveva letto decine e decine di articoli di riviste femminili che spiegano che l'arrivo di un figlio, più che cementare la coppia, può distruggerla e che molti uomini non desiderano affatto avere dei figli.

Aveva sempre creduto che l'arrivo di un figlio portasse gioia e felicità e adesso realizzava che non ci sarebbe stata alcuna cena romantica e che il futuro era un'incognita preoccupante.

SEGRETO n.3: l'uomo diventa veramente padre solo dopo la nascita di suo figlio e quando comincia a prendersene cura; l'egocentrico e il narcisista considerano i figli un prolungamento di se stessi e dunque li amano, ma a modo loro.

La gravidanza, malgrado la mancanza di entusiasmo di Giuseppe, andò avanti benissimo e si concluse con la nascita di un maschietto, Alessandro, che venne alla luce la mattina del 10 maggio 2001. Il parto, preceduto da dodici ore di travaglio, era andato abbastanza liscio, a parte le inevitabili sofferenze fisiche di un parto spontaneo senza anestesia epidurale e il trauma di un lungo travaglio.

Elena si sentiva distrutta, non pensava che il parto potesse essere così doloroso fisicamente e così intenso dal punto di vista psicologico! Aveva trascorso la nottata gridando e sbraitando come un'indemoniata e, nel momento in cui era nato Alessandro, era scoppiata a piangere come una fontana. Giuseppe non era voluto entrare in sala parto e questa mancanza di coraggio era per Elena un'altra pecca che si aggiungeva alla "lista nera" stampata con l'inchiostro indelebile nella sua memoria.

Quando Elena uscì dalla sala parto, però, Giuseppe era visibilmente emozionato e la baciò. Non ebbero tempo di dirsi nulla: i genitori di Elena e quelli di Giuseppe la circondarono per baciarla e tutti quanti piangevano e ridevano contemporaneamente per il sollievo e per la gioia dell'arrivo del piccolo e tenero Alessandro.

Il coraggio di cambiare

Dopo essere tornata dalla vacanza a Scilla, Elena decise di intraprendere una formazione professionale. Sapeva perfettamente che suo marito non avrebbe fatto i salti di gioia, ma era determinata a portare avanti questo progetto.

Già immaginava la faccia contrariata e scettica di Giuseppe e del resto della sua famiglia che, sicuramente, avrebbe considerato il suo progetto difficilmente realizzabile. Immaginava i commenti di amici, parenti e conoscenti una volta informati della sua decisione: "Ma cosa va cercando alla sua età? Non le basta avere un bel marito e un bellissimo figlio?".

Elena era consapevole da tempo che qualsiasi cosa decidesse di fare nella vita, ci sarebbe sempre stato qualcuno pronto a criticarla o a dissuaderla dall'agire. Stavolta, però, era decisa ad andare avanti nei suoi propositi: si era fatta addomesticare per troppo tempo, prima dai suoi genitori, poi dal marito che provava a tarparle le ali a ogni tentativo di emancipazione. Adesso era pronta ad agire, qualunque fosse il prezzo da pagare; l'alternativa a questa sfida con se stessa era continuare a morire dentro, giorno per giorno.

SEGRETO n.4: esprimi i tuoi talenti; se sei depresso/a, forse è segno che non stai realizzando te stesso/a, che stai vivendo al di sotto delle tue potenzialità, che stai sacrificando parti di te che non vuoi fare emergere; siamo nati per esprimere il nostro carattere, non per sopprimerlo.

Elena si rese conto che non poteva più perdere tempo: doveva agire subito! Affrontò Giuseppe e gli disse che stava per iscriversi a un Corso per Estetista a Messina. Come aveva previsto, Giuseppe le rispose di non dire "fesserie". Elena fece un bel respiro e replicò con finta calma: "Sto andando a iscrivermi, che tu lo voglia o no!".

Giuseppe le disse di andare dove voleva, sicuro che, come sempre, Elena, non sentendosi sostenuta moralmente, avrebbe desistito dai suoi propositi. Ma in quel magnifico giorno soleggiato di fine settembre, la giovane e malleabile Elena uscì dalla porta di casa decisa a cambiare il corso della sua vita. La paura di ciò che stava per affrontare si mescolava all'euforia di aver sfidato il marito, se stessa e i suoi limiti, reali o immaginari che fossero.

Durante il primo anno di corso, Elena dovette cambiare vita, riorganizzandola secondo i nuovi impegni. Smise di guardare passivamente la TV per tante ore al giorno, come faceva prima, e occupò il suo tempo in modo diverso, dedicandolo a cambiare se stessa e la sua vita. Malgrado la stanchezza, era felice di apprendere cose nuove, di allargare i suoi orizzonti mentali fino ad allora alquanto limitati. Giuseppe, invece, dedicava il suo tempo libero alle partite di calcio e ai social; prese a chattare ore e ore e pian piano si allontanò da Elena.

Lei inizialmente non era affatto preoccupata dello svago quotidiano del marito. I due, del resto, avevano sempre avuto idee divergenti su come trascorrere il tempo libero: se Elena avesse voluto andare a ballare, Giuseppe avrebbe scelto di andare in pizzeria o rimanere a casa sul divano mentre Elena cucinava e lavava i piatti. La loro vita sociale si riduceva a qualche rara cena con gli amici più stretti e alle compere nei supermercati per riempire il frigo e la dispensa. Raramente facevano una vacanza o un week-end fuori porta; le loro settimane-tipo erano contrassegnate dal circuito casa – lavoro –supermercato – medico di base –farmacia.

Giuseppe prese a trascorrere ogni momento libero attaccato al computer di casa e, quando Elena se ne lamentava, lui rispondeva che non aveva nient'altro da fare, dal momento che lei era impegnata con la casa e con il corso. Giustificare le ore passate sui social come risultato dell'impegno della moglie fu per Giuseppe una mossa azzeccata per continuare indisturbato a chattare con amici e con donne sconosciute, facendo leva sui sentimenti di colpa presenti in Elena, che era molto impegnata. Elena infatti lo aveva lasciato chattare indisturbato per sopportare meglio il senso di colpa scaturito dalla sua decisione di frequentare il corso.

Del resto, Giuseppe non era l'unica persona importante della sua vita capace di indurre in lei sentimenti di colpa. I vari membri della sua famiglia, gli amici e perfino i conoscenti erano in grado di stimolarle sensi di colpa per qualunque scelta importante facesse. Quando aveva deciso di sposarsi molto giovane aveva ricevuto tante opinioni non richieste da amici e parenti. "Secondo me sei troppo giovane per il matrimonio" era il commento più gettonato.

Quando aveva deciso di riprendere in mano la sua vita, iscrivendosi al corso, aveva avvertito una malcelata disapprovazione da parte della sua cerchia familiare e amicale, che non comprendeva questa sua decisione tardiva. Inizialmente nessuno credeva in lei, nella sua capacità di conciliare le esigenze familiari con il corso.

Tutti coloro che, a vario titolo, facevano parte della sua vita la guardavano con scetticismo, pensando che nel giro di pochi mesi Elena avrebbe gettato la spugna, schiacciata dalla fatica di portare avanti la casa, la famiglia e l'impegno del corso.

Ma la tenacia di Elena sovvertì tutti i pronostici. Organizzò le sue giornate con precisione matematica; la sveglia suonava prestissimo, per consentirle di fare colazione, dare una sistemata alla casa, lavarsi, truccarsi, vestirsi e uscire di casa per recarsi a Messina e frequentare le lezioni del corso. Finite le lezioni, riprendeva la strada di casa, dove arrivava distrutta dalla stanchezza.

Giunta a casa, si guardava intorno disperata: suo figlio e suo marito le facevano trovare panni sporchi sparsi qua e là e il frigo perennemente vuoto che richiedeva continuamente il suo intervento. Spesso ripeteva a se stessa: "È il mio *karma*, devo avere fatto qualcosa di tremendo in una vita precedente!" Dopo aver raccolto e infilato i panni in lavatrice, fatto la spesa e cucinato qualcosa per cena, si sedeva esausta e pensava al giorno in cui avrebbe ottenuto l'attestato di fine corso.

Con questo pensiero sopportò la carenza di sonno, la stanchezza fisica ma, soprattutto, la stanchezza mentale; sopportò gli iniziali sguardi scettici delle giovanissime compagne di corso, rispose tranquilla alle domande impertinenti di amici e conoscenti sull'andamento del suo corso. A poco a poco, proseguendo decisa sulla sua strada, vide lo scetticismo di amici, colleghe e conoscenti trasformarsi dapprima in stupore e poi in ammirazione. Per la prima volta nella vita si rese conto del suo valore, delle sue doti umane, della sua forza.

Cominciò a comprendere che la forza di volontà ti fa fare cose che prima ritenevi impensabili, ti consente di arrivare dove pensavi di non poter mai arrivare. Sentimenti di gioia e fierezza si mescolavano a sentimenti di paura e sconforto. Elena non mollava il suo sogno, anche se a volte temeva che potesse accadere qualcosa che avrebbe vanificato i suoi sforzi.

SEGRETO n.5: bisogna essere assertivi di fronte a consigli non richiesti, critiche e commenti inopportuni sul proprio operato; esprimi le tue idee ed emozioni senza offendere nessuno e senza aggressività.

Mancavano pochi mesi agli esami per il conseguimento dell'attestato di fine corso e la stanchezza fisica e mentale si faceva sentire di più. Giuseppe si lamentava del fatto che lui ed Elena non uscivano più, neanche per una banale passeggiata. Elena si era stufata di vivere sempre allo stesso modo, di fare sempre le stesse cose. Era concentrata su se stessa e proiettata verso un futuro luminoso che appariva ancora molto lontano. Il presente era un peso da sopportare in vista di un domani migliore.

Con questo pensiero, andava avanti senza accorgersi di essersi allontanata dal marito, che cercava compagnia tra i suoi colleghi di lavoro e tra le sue nuove amiche conosciute sui vari *social*. La sera, dopo cena, Giuseppe si isolava nella sala da pranzo dove chattava fino a tarda ora.

Una sera come tante, Elena decise di affrontare il marito: aveva intuito che un'altra donna si era insinuata nella loro vita ma, al pensiero di scoprire un'amara verità, si sentì le gambe pesanti come due tronchi e prese a camminare a fatica. Si avvicinò lentamente alla porta socchiusa della sala, ma non riuscì a entrare; si fermò e, con il respiro corto, si abbassò per guardare dal buco della serratura. Vide Giuseppe, suo marito, l'uomo più serio e responsabile che avesse mai conosciuto in tutta la sua vita, che parlava sottovoce tramite cuffie e auricolari e guardava con espressione estasiata la *webcam*.

Aveva uno sguardo bellissimo che Elena non gli aveva mai visto in tanti anni di vita trascorsa insieme. Sembrava molto felice e gli occhi erano brillanti per l'emozione che provava. Il timbro della voce era calmo e rilassato, come non gli sentiva da tanto tempo.

L'espressione del viso era quella di un uomo innamorato che guarda la sua donna come fosse una dea dell'Olimpo scesa in terra.

Elena intuì immediatamente che suo marito si era infatuato, o peggio, innamorato di una donna con cui chattava da mesi. Sentì una morsa allo stomaco: non si sarebbe aspettata niente del genere da un uomo tradizionalista, conservatore e, apparentemente, irreprensibile come lui.

Si era sposata con lui credendo che, per quanti difetti avesse, non l'avrebbe mai tradita e che sarebbe stato un padre perfetto, ma di fatto la stava tradendo *online*. Il suo Giuseppe era un uomo con le sue umane debolezze, con il suo incessante bisogno di essere ammirato, amato e lodato dalla società in cui viveva.

SEGRETO n.6: una persona egocentrica con tratti narcisistici ha bisogno di nutrire il suo ego continuamente; se il/la suo/a compagno/a non alimenta più il suo fragile ego, rivolgerà le sue attenzioni altrove alla ricerca di conferme sul suo valore.

Elena non ebbe il coraggio di entrare; in fondo al cuore pensava di essere responsabile di ciò che stava accadendo. Erano anni che i loro interessi non convergevano più, che non facevano più progetti insieme. I loro dialoghi erano diventati noiosi monologhi, dato che parlavano senza ascoltarsi veramente. Elena non prestava molta attenzione ai racconti giornalieri di Giuseppe e Giuseppe si annoiava palesemente con i discorsi di Elena.

Avevano preso a vivere la loro vita parallelamente, pur pranzando e dormendo insieme. Erano diminuite drasticamente le uscite insieme e le occasioni di svago ed erano aumentati i motivi di scontro. Le ragioni per litigare, del resto, erano tante e comuni a molte coppie datate: le bollette, i "soldi-che-non-bastano-mai". Ma lo sport preferito di Elena e Giuseppe divenne quello di scaricarsi a vicenda la responsabilità di tutto ciò che non andava nel loro *ménage* familiare.

Se qualcosa non andava per il verso giusto, se il loro unico figlio andava male a scuola, se fuori il tempo era pessimo, se un cane abbaiava, se c'era troppo caldo, se la minestra era salata, qualunque banalità o fatto grave accadesse, era sempre colpa dell'altro. La frase tipica di due coniugi come loro è: "È colpa tua!"

Si cerca sempre un colpevole a cui affibbiare una colpa, perché limitarsi a tacere e riflettere sulle proprie azioni e sulle loro conseguenze è un lavoro difficile che molti impiegano una vita a imparare. A molti altri non basta neanche quella.

RIEPILOGO DEL CAPITOLO 3:

- SEGRETO n.1: una relazione sana non genera dubbi e tormenti; se una relazione è caratterizzata da litigi e incomprensioni continue, può significare un'incompatibilità caratteriale oppure una volontà di dominare l'altro e di sottometterlo al proprio volere; chi ama veramente non vuole il controllo dell'altro, ma il bene dell'altro.
- SEGRETO n.2: l'uomo con tratti narcisistici, o il narcisista vero e proprio, può essere ossessionato dal denaro; per lui non è solo il mezzo per garantirgli serenità, ma anche il mezzo per ottenere uno status sociale più elevato e un potere maggiore; non ama sprecarlo ma ama accumularlo: da qui può derivare, in certi individui, un'eccessiva parsimonia e la costante preoccupazione di non averne abbastanza.
- SEGRETO n.3: l'uomo diventa padre solo dopo la nascita di suo figlio e quando comincia a prendersene cura; l'egocentrico e il narcisista considerano i figli un prolungamento di se stessi e dunque li amano, ma a modo loro.
- SEGRETO n.4: esprimi i tuoi talenti; se sei depresso/a, forse è segno che non stai realizzando te stesso/a, che stai vivendo al di sotto delle tue potenzialità, che stai sacrificando parti di te

che non vuoi fare emergere; siamo nati per esprimere il nostro carattere, non per sopprimerlo.

- SEGRETO n.5: bisogna essere assertivi di fronte a consigli non richiesti, critiche e commenti inopportuni sul proprio operato; esprimi le tue idee ed emozioni senza offendere nessuno e senza aggressività.
- SEGRETO n.6: una persona egocentrica con tratti narcisistici ha bisogno di nutrire il suo ego continuamente; se il/la suo/a compagno/a non alimenta più il suo fragile ego, rivolgerà le sue attenzioni altrove alla ricerca di conferme sul suo valore.

Capitolo 4
Visione pessimistica della vita

Preso atto che il suo matrimonio era seriamente in bilico, Elena fu assalita da mille paure: "Come farò a terminare il corso se lui mi lascia per un'altra?" pensò sotto il piumone nel quale si era rifugiata dopo aver sentito suo marito conversare amabilmente con una donna a lei sconosciuta.

Elena era sbalordita non solo per la scoperta appena fatta, ma anche per la strana calma con cui stava affrontando la situazione. Da giovane si arrabbiava anche per situazioni molto banali mentre adesso, di fronte al tradimento, non sapeva che fare. I pensieri si sovrapponevano uno all'altro: "Cosa ne sarà di noi, di nostro figlio, come andrò avanti senza un lavoro?" L'angoscia per un futuro sempre più incerto si impossessò di lei.

L'intuito le diceva che Giuseppe era infatuato ma, al tempo stesso, combattuto e lei doveva proteggere la sua famiglia dal mondo esterno mantenendo il segreto e la calma per non compromettere i sacrifici fatti fino a quel momento. Adesso che il suo sogno si stava avverando, ora che la strada stava diventando pianeggiante, tutta la sua esistenza si stava sgretolando. Ricordò la strana domanda che le aveva rivolto Giuseppe qualche sera prima, mentre si preparavano per andare a dormire. Si stavano punzecchiando per delle banalità, come sempre, fino a quando lui le aveva chiesto: "Mi ami?"

Elena aveva avvertito un guizzo di paura: erano anni che non si dicevano più "ti amo" e, adesso, senza apparente motivo, era arrivata una semplice una domanda a mettere a soqquadro la loro vita. Sarebbe bastato rispondere un semplice sì e Giuseppe si sarebbe tranquillizzato, ma Elena non aveva risposto. Giuseppe, con una strana voce, aveva continuato: "Ho bisogno di sapere se mi ami!" Elena, allarmata e con le lacrime che stavano sgorgando senza che potesse arrestarle, aveva detto: "Non lo so più!". Giuseppe non aveva risposto, si era girato dall'altra parte e un silenzio assordante era caduto su di loro.

Adesso tutto era chiaro: Giuseppe era in cerca di conferme per capire se il loro rapporto fosse irrimediabilmente compromesso, così da poter decidere le sorti della storia parallela che stava vivendo. Elena decise di non fare nulla fino al conseguimento della sospirata qualifica; non avrebbe permesso a niente e a nessuno di farle rimandare quell'appuntamento tanto fantasticato, costato tanta fatica e tante lacrime. Dopo avrebbe cercato un lavoro, soluzione ai suoi tanti problemi.

I giorni passavano apparentemente tranquilli. Elena stava per concludere la formazione di base, studiando per sostenere gli esami. Giuseppe trascorreva sei ore al giorno al lavoro e tornava nel pomeriggio o la sera; dopo una rapida doccia, consumava a tempo di record la cena e si fiondava nella sala, dove si sedeva al computer per chattare con la sua amante virtuale.

Parlava a voce bassissima per non essere sentito dal resto degli abitanti della casa. In effetti, non si sentiva chiaramente cosa stesse dicendo a colei che gli stava facendo provare nuove sensazioni e lo ripagava delle fatiche quotidiane, che aveva per lui le attenzioni che un egocentrico si aspetta.

Mai una volta che Giuseppe avesse riflettuto sul suo comportamento, mai una volta che avesse fatto una sana autocritica sulle sue mancanze verso Elena. Era sempre lei la colpevole di tutto quello che in casa, nel loro rapporto o nel resto del mondo non andava come avrebbe dovuto andare.

Anche Elena era responsabile di quella situazione: aveva sposato un uomo non adatto a lei con l'errata convinzione di cambiarlo. Un uomo con un carattere difficile non cambierà solo perché la sua donna lo desidera; un uomo potrà solo migliorare o peggiorare il carattere che possiede con il passare del tempo e con le esperienze, positive o negative, che vivrà in prima persona, ma non potrà mai diventare ciò che non è mai stato. Potrà forse maturare, ma non si avvicinerà mai all'ideale che di lui si è fatto la sua compagna o moglie che sia.

SEGRETO n.1: le persone non cambiano, cambia tu!

Come poteva uscire da questa situazione grottesca? Gli altri vedevano lei e suo marito come una coppia praticamente perfetta. Una coppia solida che stava insieme da tanti anni e che non aveva mai dato adito a pettegolezzi. E che dire delle rispettive famiglie? Non immaginavano neanche lontanamente l'inferno che stavano vivendo Elena e Giuseppe.

Paradossalmente, all'ennesima crisi matrimoniale, i litigi erano diminuiti ed erano gestiti in modalità *offline,* al riparo da occhi e orecchie indiscrete. Elena non voleva coinvolgere nessuno nel suo dramma, neanche l'unico figlio, Alessandro, che però intuiva perfettamente quanto la madre fosse infelice. Voleva risolvere personalmente i suoi problemi ma prendeva tempo perché le mancava il coraggio di fare un salto nel buio, di rinunciare alla sicurezza materiale e psicologica che la presenza di un marito accanto le dava per affrontare da sola il mondo là fuori.

Un mondo in cui una donna sola può diventare un bersaglio facile per molti uomini dalle intenzioni più varie. Per lei, sposatasi a venticinque anni, senza un lavoro, senza particolari competenze lavorative, con un figlio minorenne da seguire attentamente e non più giovanissima, lasciare il marito non era una decisione da prendere a cuor leggero.

Le opzioni in quel momento erano due: trovare un lavoro qualsiasi, sottopagato, in nero e affrontare una vita di stenti, di umiliazioni, di privazioni, senza Giuseppe accanto come scudo, oppure attendere tempi migliori, cercare un lavoro adatto alle proprie capacità e procrastinare una decisione che, comunque, andava presa.

La libertà ha sempre un prezzo da pagare. Elena, alla fine, decise di separarsi. Decise di affrontare Giuseppe anche se non era semplice per lei che era stata una donna poco concreta, che sognava un mondo migliore ma che, di fronte alla realtà delle cose della vita, non sapeva cosa fare per cambiarle. Aveva sempre sperato che ci fosse qualcuno al posto suo a sistemare quello che non andava, alternando periodi di iperattività, in cui non risparmiava le forze per il bene della sua famiglia, a periodi di sconforto e noia che la rendevano pigra, immobile, incapace di rendersi protagonista della sua vita.

Avrebbe voluto essere diversa, determinata, meno timida, forte e decisa; in altre parole, un'altra persona. Il punto era proprio questo: Elena non si piaceva, non si accettava così com'era e soffriva. Non sapeva di essere una dipendente affettiva piena di paure, con un ego fragile.

SEGRETO n.2: se non ti ami, se sei insicuro/a, nessuno può amarti e darti la sicurezza che cerchi; l'altro può solo fare da schermo a quello che tu stesso/a proietti.

Cupido in agguato
Finalmente giunse il periodo in cui Elena concluse il primo anno di corso; si sentiva più leggera, come se avesse scalato una montagna e fosse giunta alla cima. Provava una grande soddisfazione per aver fatto un passo avanti nel suo sviluppo mentale; tornava a casa stanca ma felice.

Una mattina uscì di casa prestissimo, erano i giorni precedenti agli esami di fine corso. Durante il viaggio di ritorno a casa, sul pullman, cominciò a fantasticare sul suo futuro, immaginando di trovare un buon lavoro, di cambiare vita, di tornare a sorridere. Era così assorta nelle sue fantasie, che quasi non si accorse di essere osservata da un uomo che sedeva sul sedile accanto. Avvertendo il suo sguardo, girò la testa in direzione di quel paio d'occhi che la stavano radiografando e vide un uomo sulla quarantina che la guardava con interesse.

L'uomo, vedendosi scoperto, si affrettò a girarsi verso il finestrino, nel tentativo di dissimulare ciò che aveva appena fatto. Elena lo osservò per pochi secondi, più che sufficienti per farsi un giudizio molto personale e alquanto sommario su di lui. Per prima cosa notò l'abbigliamento non proprio di tendenza: indossava un paio di jeans molto datati, senza scoloriture strategiche, decisamente orrendi. Notò anche la camicia di taglio classico, bianca con le righe azzurre, ma il particolare che la fece inorridire fu il gilet sui toni dell'azzurro e del blu con motivi geometrici, risalente ai "favolosi" anni Ottanta, spalmato con disinvoltura sulla camicia antidiluviana.

Elena era sempre stata fissata con le tendenze della moda: a ogni cambio di stagione individuava subito i capi più *trendy*, i colori di successo; in poche parole, capiva immediatamente quale sarebbe stato lo stile più amato del momento. Quell'uomo aveva un aspetto decisamente anonimo; capelli neri e occhi scuri, carnagione bruna, un uomo che puoi incontrare per le strade di qualunque città, un tizio dall'aspetto comune, senza gusto nel vestire e alquanto daltonico nell'abbinamento dei colori.

Elena si voltò in fretta per non creare equivoci con l'ammiratore fuori moda e, divertita dalla situazione, pensò: "Con uno così non uscirei mai!" Poi si mise a leggere un libro che aveva stivato nella sua capiente borsa e dimenticò l'ammiratore sconosciuto, almeno quel giorno.

La settimana seguente, dovendo recarsi nuovamente a Messina, rivide l'ammiratore sconosciuto che, passando nel corridoio del pullman in cerca di un posto libero dove sedersi, le lanciava occhiate fulminee che Elena fece finta di non vedere. Al terzo giorno di viaggio, Elena era seduta da sola e, come sua abitudine, aveva occupato il posto accanto al suo con la sua borsa piena di tutto: libro, ombrello pieghevole, trucchi, spazzola, specchietto, portafoglio, fazzoletti, bottiglietta d'acqua e molto altro ancora. Stava per tuffarsi nella lettura, quando udì una voce maschile che le chiedeva il permesso di sedersi accanto a lei.

Si voltò un po' scocciata e vide che si trattava dell'ammiratore sconosciuto. Cercando di cancellare dal volto l'espressione di sorpresa che le si era stampata in pochi secondi, tolse l'ingombrante borsa dal sedile per fare posto all'uomo peggio vestito dell'anno. L'ammiratore si accomodò con fare rilassato; si tolse la giacca a vento blu scuro, la piegò e se l'appoggiò sulle gambe; con sé aveva una ventiquattrore in pelle che, stando al grado di usura e al modello, risaliva ad almeno vent'anni prima, non lasciando dubbi sull'età dell'uomo.

Lui si rilassò e si mise a osservarla con la coda dell'occhio, sperando di non essere notato, mentre Elena non riusciva più a concentrarsi sul libro che stava leggendo: sentiva su di sé lo sguardo del suo compagno di viaggio e, inspiegabilmente, cominciò ad avvertire l'impulso di conoscerlo. Meravigliandosi di se stessa, si girò verso di lui e disse: "Che brutta giornata oggi!". Lo sguardo dello sconosciuto si illuminò: non aspettava altro da settimane! Una delle frasi più banali che si possano dire durante una giornata di pioggia divenne l'aggancio per conoscerla.

L'ammiratore sconosciuto, visibilmente ringalluzzito, cominciò a dialogare amabilmente; aveva un tono di voce piacevole e si esprimeva in perfetto italiano. Nell'ora di viaggio che seguì, Elena conversò con lo sconosciuto malvestito come se lo conoscesse da sempre.

SEGRETO n.3: quando incontra un narcisista, il dipendente affettivo potrebbe provare la sensazione di conoscerlo da sempre; questa sensazione piacevole nasce dal fatto che il narcisista riesce a "far vibrare le corde" dell'animo del dipendente affettivo, che ha già vissuto quelle sensazioni da bambino ma non ne è consapevole.

Entrambi fecero un breve riassunto della loro vita, raccontandosi a vicenda. Quando giunsero a destinazione, Elena ebbe la sensazione che il tempo fosse volato e, prima che lo sconosciuto scendesse alla seconda fermata, si presentarono: "Mi chiamo Vittorio", disse l'uomo peggio vestito dell'anno. Elena, dopo avergli rivelato il suo nome sfoggiando un sorriso da ebete, si rese conto che, in quel breve lasso di tempo trascorso con Vittorio, aveva vissuto sospesa su una nuvola. L'ultima volta che si era sentita così stupida era minorenne, pesava una quarantina di chili e aveva la fronte tempestata di brufoli.

Lo seguì con lo sguardo mentre scendeva dal pullman ed era come se lo vedesse per la prima volta. Da quel momento, Elena cominciò a fantasticare sul suo ammiratore. Dopo anni di vita ripetitiva, piena di doveri familiari, di fatiche fisiche e avara di soddisfazioni personali, ecco che giungeva un evento inatteso a scombinare le carte in tavola, a sconvolgere la sua esistenza. In meno di un'ora, la dolce, giudiziosa, metodica e profondamente infelice Elena si era innamorata dell'uomo peggio vestito dell'anno.

SEGRETO n.4: il dipendente affettivo, infelice e scontento, è sempre affamato d'amore e gli basta poco per cadere nella rete di persone aride e senza scrupoli; egli è bisognoso di attenzioni, affetto, amore e spera di poterli ricevere da chi non può dare nulla di tutto ciò.

Nelle settimane seguenti, per Elena divenne un piacere alzarsi molto presto, proprio lei che aveva bisogno di puntare due sveglie per svegliarsi e di qualche minuto supplementare per trovare il coraggio di scendere dal letto e affrontare la giornata. Dopo una colazione rapida, si chiudeva in bagno per un mini-restauro della sua persona.

Amava uscire in ordine, con un aspetto pulito e curato. Fin da bambina aveva imparato ad avere cura del proprio corpo; a parte l'igiene personale, dedicava almeno mezz'ora al giorno alla cura del viso e al trucco, sempre molto leggero.

Al pensiero di rivedere l'ammiratore non più sconosciuto, si sentiva euforica come una ragazzina che sta per uscire con le amiche il sabato sera. Dopo anni di vita piatta e ripetitiva, con un marito ostile per la separazione, che passava il suo tempo a denigrarla con gli amici, sapere di piacere a qualcuno era una sensazione stupenda.

SEGRETO n.5: quando abbiamo una bassa autostima abbiamo bisogno che gli altri ci diano conferme sul nostro aspetto fisico, sulla nostra intelligenza o sul nostro valore; chi si ama e si stima non ha nessun bisogno che siano gli altri a dare la conferma del proprio valore e della propria bellezza.

Dopo tanti anni, aveva nuovamente sentito le farfalle allo stomaco rimanendo sbalordita da se stessa e da ciò che stava provando. Sapeva benissimo che stava camminando su terreni scivolosi, ma non le importava. Desiderava vivere nuove emozioni, per quanto pericolose e destabilizzanti potessero essere.

Cominciò, come spesso accade alle donne in fase d'innamoramento, a fantasticare su come sarebbe stato bello poter trascorrere del tempo da sola con l'oggetto dei suoi desideri, come sarebbe stato bello baciarlo, abbracciarlo. Lui però era sposato e non avrebbero mai potuto trascorrere del tempo insieme alla luce del sole, non avrebbero potuto fare le cose che fanno i ragazzi ai loro primi appuntamenti, non avrebbero potuto fare un viaggio, una vacanza o qualsiasi altra cosa che di solito una coppia vuole fare all'inizio della relazione.

La sua parte razionale le diceva di abbandonare i suoi propositi e di ritornare su sentieri sicuri, ma la sua parte istintiva le diceva quanto fosse eccitante il pensiero di trasgredire le regole che le cominciavano a stare strette. Vittorio era molto gentile, dolce, una perla rara in una realtà contraddistinta da maleducazione, cinismo ed egocentrismo diffusi. Appariva come l'uomo ideale, colto ma spiritoso, discreto ma affascinante.

SEGRETO n.6: per conquistare la sua preda, il narcisista mette in atto il "bombardamento d'amore", mostrandosi come l'uomo o la donna perfetto/a per rendere felice l'altro.

Fin dalle prime settimane di conoscenza con Vittorio, però, in un angolo remoto del cervello di Elena qualcosa non tornava; malgrado fosse evidente l'interesse di lui nei suoi confronti e malgrado lui si ponesse come complementare alle sue esigenze, qualcosa non andava come doveva.

Tanto per cominciare, Elena notò che l'uomo peggio vestito dell'anno saliva sempre per ultimo sul pullman. Pur non trovando una spiegazione a questo comportamento, si fermava a pensare sul suo perché: "Per quale ragione un uomo esita a salire su un pullman, che di mattina è sempre pieno, con il rischio di non trovare posto a sedere e dover affrontare il viaggio in piedi?". Questi furono i primi tarli nella testolina di Elena e, con il passare delle settimane, se ne aggiunsero altri. Si chiedeva come mai non le avesse ancora chiesto il numero di cellulare e non le avesse dato il suo numero.

Un'altra, al suo posto, avrebbe già capito che il tizio in questione non aveva alcun interesse per lei, che stava solo temporeggiando per riempire piacevolmente un'ora di noiosissimo viaggio e che il suo unico scopo era quello di alimentare il suo ego smisurato. Elena però preferiva trovare spiegazioni alternative: secondo lei era un uomo vecchio stile, di quelli che corteggiano in modo discreto, attenti a non essere invadenti o volgari, che sanno aspettare il momento giusto per dichiararsi.

Un po' per volta, Elena aveva cominciato a perdere la lucidità di pensiero e l'intuito che le aveva sempre fatto avvertire le situazioni anomale della vita; adesso i suoi pensieri erano annebbiati dai sentimenti tornati prepotentemente alla ribalta dopo molti anni.

SEGRETO n.7: l'intuito è il nostro radar interno, ci avvisa sempre se qualcosa non va come dovrebbe; dobbiamo fidarci di più delle nostre sensazioni e meno delle belle parole.

L'infatuazione la rendeva cieca di fronte agli strani comportamenti di Vittorio che, più tardi, avrebbero assunto ben altro significato ai suoi occhi. Cominciò a fantasticare su una possibile storia d'amore con lui. L'immaginazione ti consente di viaggiare senza muoverti da casa, di spingerti più lontano da te stesso e di visualizzare i tuoi desideri, specialmente quelli inconfessabili e, spesso, irrealizzabili. Elena proiettava i suoi desideri su Vittorio, che assorbiva la sua energia vitale molto volentieri.

Elena non aveva intenzione di fare la prima mossa. "Ho pur sempre una dignità da difendere", si ripeteva man mano che le settimane trascorrevano senza che Vittorio si decidesse a fare il passo successivo a quello di flirtare con gli occhi e di accarezzarsi continuamente i capelli, un gesto eloquente che, nel linguaggio del corpo, starebbe a significare una forte attrazione per la persona con cui si sta conversando. Tra una chiacchiera e un'occhiata alla scollatura che metteva in risalto il seno ben fatto di Elena, i due trascorrevano qualche ora insieme, raccontandosi di se stessi e dei propri figli. Sarebbe stato troppo imbarazzante per entrambi parlare dell'ex marito di Elena o della moglie di

Vittorio.

Elena divenne molto distratta, scordava le cose da fare, inciampava camminando; una mattina dimenticò la carta di credito alla cassa di un ipermercato. Dopo anni trascorsi a dimostrare al mondo intero di essere una brava moglie, una casalinga perfetta e una mamma esemplare, stava regredendo allo stadio adolescenziale. Crescevano di giorno in giorno le fantasie su un probabile incontro tra loro; non poteva fare a meno di pensare a come sarebbe stato perfetto il loro primo appuntamento. Lui le avrebbe sussurrato le parole giuste, l'avrebbe messa a suo agio, l'avrebbe baciata e spogliata lentamente, senza fretta, avrebbero fatto l'amore in modo meraviglioso.

Il suo intuito le diceva che l'incontro si stava avvicinando, che era solo questione di giorni. L'estate stava per arrivare, l'aria era diventata più calda e gli alberi si erano ricoperti di fiori e frutti dai colori stupendi. Le giornate si erano allungate e non c'era più traccia del grigiore invernale. L'esplosione di colori e odori primaverili rendeva gli animi più gioiosi e bendisposti all'incontro con gli altri.

Il clima meraviglioso della Sicilia nord-occidentale predisponeva a fughe d'amore improvvise. La freccia di Eros colpiva ogni anno in questo periodo personaggi insospettabili di tutte le età e di tutte le estrazioni sociali. Tra marzo e giugno, scoppiavano scandali amorosi di proporzioni gigantesche che, spesso, rientravano alla fine dell'estate, con conseguenze disastrose. Elena aveva anche ironizzato sulla durata di queste storie improvvise che portavano un po' di pepe alla quotidianità della piccola città in cui viveva.

Adesso che la freccia vagante di Eros aveva colpito lei, non le importava nulla delle conseguenze che una storia d'amore clandestina avrebbe potuto portare. Voleva solo vivere quelle emozioni che non provava più da tanto tempo, voleva vivere una passione travolgente che la facesse sentire di nuovo viva. La società opprimente e ipocrita l'aveva ridotta a un replicante di se stessa, senza gioia e senza entusiasmo. "Se Vittorio mi invita a prendere un caffè, ci vado di corsa, eccome!" pensava tra sé e sé.

Una mattina di fine primavera, il sole splendeva sulla città di Milazzo ancora dormiente. Elena, come sempre, si era alzata molto presto per fare una doccia rigenerante prima di partire alla volta di Messina. Quella mattina decise di cambiare pettinatura: non avrebbe stirato i capelli con la spazzola ma li avrebbe asciugati al naturale: adorava i capelli vaporosi, anche se le tendenze della moda di quel periodo li volevano rigorosamente lisci. Dopo aver domato i suoi ricci ribelli, si truccò leggermente e si vestì indossando un paio di jeans nuovi e una maglia leggera molto aderente che evidenziava la sua esile ma armoniosa figura. Infilate un paio di scarpe comode di una nota marca di calzature, uscì di casa sentendosi le ali ai piedi.

L'aria tiepida la rendeva felice e contenta come una ragazzina in libera uscita e, al solo pensiero di rivedere Vittorio, il suo stomaco si contorceva facendole sentire delle fitte brevi ma non dolorose. Salì sul pullman con un sorriso radioso e si andò a sedere al solito posto, aspettando con un'esagerata dose di ansia il momento in cui lui sarebbe apparso, portando gioia e consolazione.

L'uomo peggio vestito dell'anno apparve in tutto il suo splendore, almeno questa fu la sensazione di Elena, che pensava di aver realizzato i suoi sogni a occhi aperti. Vittorio, come da copione dongiovannesco, si sedette accanto a lei e cominciò a conversare amabilmente del più e del meno, come sapeva e amava fare per impressionare positivamente la donna del momento.

Probabilmente si compiaceva nell'osservare gli occhi adoranti della malcapitata di turno; fremeva al pensiero di quello che sarebbe potuto accadere di lì a poco, se la donna avesse accettato un suo invito. Il rischio che lei lo rifiutasse e si tirasse indietro c'era, ma proprio questa incertezza rendeva la situazione ancora più intrigante e forniva a Vittorio quelle emozioni forti che un uomo come lui, freddo, calcolatore, narcisista, sposato da tanti anni e annoiato, desiderava ardentemente riprovare.

SEGRETO n.8: il narcisista, essendo incapace di amare, ha bisogno di emozioni forti; questo bisogno lo sprona a correre dei rischi per provare nuove sensazioni.

L'attrazione era divenuta sempre più forte e la paura di trasgredire le regole sociali era sparita di colpo. Entrambi si desideravano ardentemente e facevano l'amore solo guardandosi negli occhi. Se le occhiate che si scambiavano di continuo fossero state fulmini, si sarebbero bruciati in pochi secondi.

Giunti a destinazione, Vittorio prese coraggio e, con un filo di voce, chiese a Elena di prendere un caffè al bar con lui. Elena sentì che il suo volto aveva cambiato colore e, con il cuore in gola per l'emozione, annuì e si preparò a scendere dal pullman. Appena scesi, si avviarono verso l'auto di Vittorio che era parcheggiata nei dintorni della fermata dei pullman. Era un'utilitaria della FIAT molto vecchia, ma Vittorio non aveva alcuna intenzione di rottamarla dal momento che, a suo dire, nessuno l'avrebbe mai rubata o danneggiata.

Salirono in auto e, ritrovandosi per la prima volta da soli, si resero conto che il momento tanto sognato da entrambi era finalmente giunto. La tensione sessuale rendeva l'atmosfera elettrizzante; come due adolescenti ai primi incontri, si sforzavano di essere naturali e spigliati, ma la salivazione si era azzerata in entrambi, le mani erano diventate fredde come il marmo e non riuscivano più a guardarsi negli occhi dall'imbarazzo.

Vittorio mise in moto e partì alla ricerca di un bar dove potersi sedere e prendere un caffè in tranquillità, lontano da occhi indiscreti. Dopo un paio di chilometri, trovò il posto giusto e parcheggiò in doppia fila, per non perdere troppo tempo. Lui ed Elena scesero e si sedettero a uno dei tavolini posti sul marciapiede antistante al bar e ordinarono due caffè.

Mentre conversavano, si avvicinò una donna che chiedeva l'elemosina. Vittorio rimase immobile e non fece nulla, non la degnò di uno sguardo, come fosse invisibile. Elena, invece, aprì la borsa per prendere il portafogli e cercare qualche moneta. Aveva solo una moneta da un euro, ma non se la sentì di mandare via la donna senza averle dato niente.

Prese l'euro e, mentre lo porgeva a quella donna malvestita e con il viso bruciato dal vento, dal sole e dalle intemperie, avvertì il disappunto di Vittorio, che la guardava con occhi robotici. Fu solo una breve sensazione, ma bastò per farla sentire a disagio. Non bastava suo marito che l'aveva sempre criticata per qualunque cosa, anche Vittorio l'aveva disapprovata tacitamente, oltretutto per aver fatto una buona azione.

Dopo avere bevuto il caffè, Vittorio si alzò per pagare il conto e, senza perdere altro tempo, chiese a Elena se volesse fare un giro in automobile con lui. Di nuovo le guance di Elena divennero scarlatte e, presa dal panico, gli disse: "È la prima volta che mi trovo in una situazione del genere". Per un attimo pensò di aver sprecato un'occasione irripetibile e temette seriamente di aver scoraggiato Vittorio, ma lui replicò prontamente: "Staremo attenti". Poi, avvertendo una certa esitazione in Elena, aggiunse: "Dai, andiamo, pensiamo un po' a noi!". Elena, oramai incapace di intendere, si limitò a dire: "Solo per dieci minuti!" e Vittorio, felice come se avesse realizzato una vincita al Lotto, rispose: "Anche venti!".

Salirono in auto e Vittorio partì senza una meta precisa; da molti anni conduceva una vita piatta e abitudinaria che spezzava con brevi avventure. Aveva percorso qualche centinaio di metri, quando intercettò una stradina privata che faceva capolino dalla strada principale.

Elena, sempre più agitata e preoccupata, si guardò intorno per essere sicura di non essere vista da nessuno. Alla sua destra vide una villa con alcune persiane aperte e si rese conto che non si trovavano nel posto più adatto per avere un primo approccio. Si voltò verso Vittorio e disse: "Dalla villa ci possono vedere", ma lui, incurante delle sue parole, rispose: "A quest'ora non ci sarà nessuno in casa, saranno tutti fuori, non preoccuparti!". Si guardarono per pochi istanti che sembrarono interminabili e si baciarono per la prima volta.

Appena le loro labbra si toccarono, Vittorio perse di colpo il suo rigido autocontrollo e si lasciò prendere immediatamente dalla passione. In pochi minuti si ritrovarono a baciarsi, a toccarsi, come se fosse l'ultimo giorno della loro esistenza; lui, al solo sfiorare la pelle di Elena, fremeva come un adolescente alla prima esperienza; avrebbe voluto spogliarla, baciarla dappertutto e farla sua.

Elena era come stordita, come se stesse sognando: aveva immaginato quei momenti tante volte e adesso che li stava vivendo non gli sembravano reali. Riusciva a malapena a frenare l'insospettabile ardore di Vittorio, quando giunse un fuoristrada dietro di loro. Con una rapidità incredibile, Vittorio tornò lucido e freddo ricomponendosi per spostare l'auto che ostruiva la stradina privata e far passare il conducente del fuoristrada, incuriosito e spazientito al tempo stesso per la presenza di quella vecchia utilitaria sulla sua proprietà.

Dopo una breve retromarcia, si ritrovarono sulla strada principale; si era fatto tardi per entrambi; lui, freddo e lucido, lei stravolta; dovevano correre a casa. Prima che Elena scendesse dall'auto, Vittorio le chiese di poterla rivedere. Elena, ancora incapace di intendere, disse di sì e si diedero appuntamento per quella stessa settimana.

Si scambiarono un bacio sulla guancia e lei scese dalla vecchia utilitaria sentendo le gambe esageratamente molli; pensò che fosse dovuto alla scarica di adrenalina trasformatasi in acido lattico, ma la verità era che lui aveva assorbito tutta la sua energia, fuoriuscita con l'esplosione dei suoi sentimenti repressi per mesi. Pur non avendo avuto alcun rapporto sessuale, lei era già pazza di lui.

RIEPILOGO DEL CAPITOLO 4:

- SEGRETO n.1: le persone non cambiano, cambia tu!
- SEGRETO n.2: se non ti ami, se sei insicuro/a, nessuno può amarti e darti la sicurezza che cerchi; l'altro può solo fare da schermo a quello che tu stesso/a proietti.
- SEGRETO n.3: quando incontra un narcisista, il dipendente affettivo potrebbe provare la sensazione di conoscerlo da sempre; questa sensazione piacevole nasce dal fatto che il narcisista riesce a "far vibrare le corde" dell'animo del dipendente affettivo, che ha già vissuto quelle sensazioni da bambino ma non ne è consapevole.
- SEGRETO n.4: il dipendente affettivo, infelice e scontento, è sempre affamato d'amore e gli basta poco per cadere nella rete di persone aride e senza scrupoli; egli è bisognoso di attenzioni, affetto, amore e spera di poterli ricevere da chi non può dare nulla di tutto ciò.
- SEGRETO n.5: quando abbiamo una bassa autostima abbiamo bisogno che gli altri ci diano conferme sul nostro aspetto fisico, sulla nostra intelligenza o sul nostro valore; chi si ama e si stima non ha nessun bisogno che siano gli altri a dare la conferma del proprio valore e della propria bellezza.

- SEGRETO n.6: per conquistare la sua preda, il narcisista mette in atto il "bombardamento d'amore", mostrandosi come l'uomo o la donna perfetto/a per rendere felice l'altro.
- SEGRETO n.7: l'intuito è il nostro radar interno, ci avvisa sempre se qualcosa non va come dovrebbe; dobbiamo fidarci di più delle nostre sensazioni e meno delle belle parole.
- SEGRETO n.8: il narcisista, essendo incapace di amare, ha bisogno di emozioni forti; questo bisogno lo sprona a correre dei rischi per provare nuove sensazioni.

Capitolo 5
Discesa all'inferno

Qualche giorno più tardi Elena si svegliò agitata. Fece la consueta doccia mattutina, si truccò leggermente come al solito e si vestì *casual* per passare inosservata. Indossò un paio di jeans scoloriti, una maglietta color petrolio, che evidenziava il suo fisico esile ma proporzionato, e una sciarpa estiva tono su tono con la maglietta. Non era certo l'abbigliamento di una seduttrice seriale, piuttosto quello di una donna molto discreta e piacevole.

Elena si vestiva *casual* per apparire più giovane e confondersi con i compagni di corso. Quella mattina di giugno l'aria era già calda, riscaldata dal sole meraviglioso della Sicilia e sembrava fosse l'inizio di una storia bellissima, l'incontro di due anime gemelle. Alle 7:30 Elena chiuse la porta di casa con il cuore che le batteva forte e la pancia che le inviava fitte leggere che le ricordavano gli anni dell'adolescenza, i più belli della sua vita.

Salì sul pullman e si sedette al solito posto, cercando inutilmente di trattenere le sue emozioni. Appena vide salire l'oggetto dei suoi desideri, si agitò e cominciò a provare ansia e paura. Lui la salutò come se fosse una semplice conoscente per non destare sospetti tra gli altri passeggeri e si sedette accanto a lei. Si mise a conversare del più e del meno, come faceva sempre, ma con la gamba destra strofinò la gamba sinistra di Elena, che avvampò in viso. Era il preludio di ciò che sarebbe accaduto più tardi.

Elena cominciò ad avvertire uno strano disagio: avrebbe dovuto essere felicissima per quello che stava vivendo, invece era agitata estrani dubbi si stavano impossessando di lei. Non aveva molta esperienza in fatto di uomini; a parte qualche fidanzatino adolescente con cui si era scambiata baci e abbracci, l'unico uomo con cui aveva fatto l'amore era stato, fino a quel momento, il suo ex marito, Giuseppe, che durante il matrimonio non aveva mai tradito.

Nonostante ora fosse una donna quasi libera, era terrorizzata al pensiero di quello che stava per fare. Prima di giungere a Messina, Vittorio si era girato a guardarla e le aveva sussurrato:

"La mia femmina preferita!'". Queste parole suonarono ambigue e sgradevoli all'orecchio di Elena, che si sentì a disagio; aveva immaginato l'evolversi della storia con Vittorio in modo diverso; quelle parole avevano un sapore strano, positive solo in apparenza ma volgari e traditrici di un uomo vuoto, incapace d'amare, che considerava le donne bambole da collezionare.

SEGRETO n.1: il narcisista classifica le sue prede in base alle caratteristiche fisiche e psichiche, mettendole in ordine d'importanza; nella sua mente c'è la preferita, la più intelligente, la più dolce, la più bella ecc.

Elena dovette comportarsi normalmente, per non incuriosire nessuno dei suoi compagni di corso, e doveva essere prudente e discreta quando si fosse ritrovata sola con lui. Il tempo trascorse in fretta e si fece ora di tornare a casa. Appena tornarono a Milazzo, Vittorio scese dal pullman e, dopo un paio di minuti, tornò con la sua auto. Elena vi salì senza dire una parola: la tensione era al massimo. Lui appoggiò la sua mano destra sul ginocchio sinistro di Elena, che avvampò in viso immediatamente.

Quell'improvvisa confidenza la turbò; solo due giorni prima non osavano neanche sfiorarsi e adesso stavano andando chissà dove per fare l'amore. Durante il tragitto, Vittorio le disse che l'avrebbe portata in un appartamento di sua proprietà: "Ci mettiamo in una cameretta, a terra c'è un grande tappeto". Questa frase le fece avvertire nuovamente un forte disagio misto a fastidio. Per quale ragione dovevano fare l'amore per terra, su un tappeto? Perché non potevano farlo in camera da letto?

Il suo intuito aveva già attivato l'allarme rosso, ma Elena, nonostante tutto, rimase impassibile, in religioso silenzio. Avvertì la voglia di scendere dall'auto e porre fine a quella situazione che ai suoi occhi stava diventando assurda. Aveva desiderato quel momento tante volte, ma ora si rendeva conto che qualcosa non tornava, che la situazione che stava vivendo non era così idilliaca come aveva immaginato. A un tratto pensò di chiedere a Vittorio di fermarsi sul ciglio della strada e di farla scendere, ma non lo fece.

Giunti sotto casa di Vittorio, scesero dall'auto e si avviarono verso il portone d'ingresso. Lui le raccomandò di camminare a qualche metro di distanza e di salire al secondo piano dello stabile dopo qualche minuto dal suo ingresso. Ancora una volta Elena ebbe l'impulso di scappare e tornare a casa il più in fretta possibile, ma non lo fece; decise di andare avanti in quella strana situazione. Sentiva che qualcosa non andava in tutta la faccenda, ma il desiderio era più forte delle sue paure e dei suoi dubbi.

Attese un minuto nell'ingresso dello stabile, quindi prese a salire le scale piano, per non fare rumore, quasi non volesse lasciare traccia del suo passaggio sui gradini di marmo della scala del condominio. Giunta al secondo piano, vide Vittorio che l'attendeva davanti alla porta con un sorriso enigmatico in volto. La invitò a entrare e a mettersi comoda indicandole una delle camere.

Elena poggiò la borsa su una sedia accanto alla porta e sentì le mani di lui che le cingevano i fianchi. Si girò verso di lui per guardarlo mentre cominciava a svestirla. Dopo averle sfilato la sciarpa leggera, fu la volta della maglietta.

Elena fece un passo in avanti, lo abbracciò e lo baciò, ma lui arretrò, rigido, e si sciolse subito dall'abbraccio, come se non lo volesse.

Preso dall'eccitazione, guardò l'esile ma ben fatto corpo di Elena, mentre, frettolosamente, le slacciava il reggiseno e le sbottonava i jeans. Elena gli prese le mani per rallentare la sua frenesia e gli disse, con un tono di voce dolce ma allo stesso tempo perentorio: "Aspetta, dammi il tempo!". Stavano andando a velocità diverse: lei avrebbe voluto assaporare con calma ogni attimo trascorso con lui, mentre lui, solitamente compassato, stava bruciando le tappe.

Elena si tolse le scarpe, si sfilò i jeans e chiese a lui di fare lo stesso. In silenzio finirono di spogliarsi e rimasero nudi uno di fronte all'altra. Elena non osava guardarlo, si vergognava terribilmente di vederlo nudo e di farsi vedere senza uno straccio di niente addosso. Lo guardò imbarazzata dritto negli occhi, senza abbassare lo sguardo al resto del suo corpo. Lui la fece sdraiare sul tappeto e, rosso in viso per l'eccitazione, si poggiò sopra di lei e la penetrò subito, manifestando con la voce roca e con i respiri profondi il piacere che stava provando.

Elena, stranamente, non riusciva a lasciarsi andare, ad assaporare quei momenti a lungo desiderati e anche Vittorio non era se stesso. Era come se stessero guidando con la paura che la benzina finisse. Mesi di corteggiamento, di malcelato desiderio e, adesso che finalmente si trovavano da soli, al riparo da occhi e orecchie indiscreti, non riuscivano a dare sfogo a quella passione che voleva soltanto esplodere.

Elena era inibita e Vittorio era stranamente freddo e controllato. Ebbero un rapporto sessuale banale, frettoloso e molto diverso da quello che Elena aveva immaginato. Quando lui raggiunse il culmine del piacere sottovoce, lei si sentì quasi sollevata. Si scostò in fretta da lui e si rivestì a tempo di record, per non rimanere nuda. Una parte di lei sarebbe rimasta volentieri per riprendere a fare l'amore ma l'altra Elena, quella impaurita e delusa, voleva tornarsene subito a casa.

Anche Vittorio si rivestì, impacciato come non mai. Elena si avvicinò, lo abbracciò e gli diede un bacio frettoloso. Lui provò a trattenerla ma lei disse con tono deciso: "Non ricominciare, devo andare!". Si guardarono intorno per essere sicuri di non dimenticare nulla, di non lasciare traccia del loro passaggio in casa e uscirono con passo felpato dall'appartamento.

Elena scese per prima le scale, cercando di non fare rumore, con il timore che qualche inquilino del palazzo aprisse la porta di casa e la vedesse scendere con aria furtiva intuendo la tresca in atto. Uscita dal portone, tirò un sospiro di sollievo e si incamminò verso il parcheggio in cui Vittorio aveva lasciato l'auto. Vittorio arrivò poco dopo e partì subito per accompagnarla vicino a casa. Durante il tragitto in auto, tra loro era sceso un silenzio imbarazzante: due logorroici che, improvvisamente, non avevano niente da dirsi.

L'unica cosa che Vittorio disse fu: "Se ti accorgi di aver dimenticato qualcosa a casa mia, chiamami entro il pomeriggio, perché poi chiudo il telefonino". Elena avvertì una fitta allo stomaco: tutto quel fantasticare sul loro primo incontro, per poi sentirsi dire quelle frasi banali e fredde, non degne di una storia d'amore. Quella stessa mattina, lui aveva fatto materializzare un secondo telefonino, mentre il telefonino ufficiale, il cui numero Elena non avrebbe mai conosciuto, era dentro la ventiquattrore.

Prima di salutarlo, Elena disse: "Sabato e domenica non chiamarmi", illudendosi per un attimo che lui volesse farlo. Vittorio si limitò a rispondere: "Neanche tu". Elena scese dall'auto scolorita dal sole con la sensazione che quello che doveva essere l'inizio di una grande storia d'amore era, invece, l'inizio della fine di una pseudo storia che, tuttavia, le avrebbe cambiato e sconvolto la vita. Tornò a casa immersa nei suoi mille pensieri: era innamorata pazza di Vittorio, ma avvertiva chiaramente che lui non era minimamente coinvolto.

Ripensava a quanto fosse stato focoso il giorno prima, durante quella prima mezz'ora di passione tanto fantasticata e desiderata; aveva sperato che il secondo incontro andasse ancora meglio, ma lui era arrivato lucido e freddo, tanto da evitare di baciarla e abbracciarla. Era andato subito al sodo e le aveva tolto i vestiti, senza il pathos che una donna si aspetta da un uomo che l'ha corteggiata per mesi senza mai chiederle il numero di telefono e senza mai essere volgare o ammiccante.

L'incontro era stato breve e deludente, ma Elena voleva rivederlo al più presto. Ormai non riusciva a fare a meno di lui, era diventato un chiodo fisso, era diventato un'ossessione.

SEGRETO n.2: il narcisista ama la conquista fine a se stessa; se avverte che la preda è sua, perde immediatamente interesse nei suoi confronti e inizia a svalutarla; per il dipendente affettivo avviene l'esatto contrario: sentendosi rifiutato o abbandonato, si attacca ancora di più al suo carnefice.

Il fine settimana trascorse in fretta e il lunedì Elena uscì di casa sicura di incontrare Vittorio come sempre avveniva a inizio settimana. Prese il pullman e attese di vederlo salire alla sua fermata. Quando si accorse che non c'era, sentì una fitta allo stomaco: "Come mai non c'è?" si chiese allarmata. "Forse è uscito tardi da casa e non è arrivato in tempo?".

Con questi pensieri in testa il suo umore divenne pessimo e per tutto il giorno fece fatica ad ascoltare chiunque le rivolgesse la parola. Aveva bisogno di vederlo, di sentirlo, anche solo per un minuto. Era appena entrata nell'inferno degli amori tossici non ricambiati e lì sarebbe rimasta per molto tempo. Da quel momento, per due lunghi anni, la sua vita sarebbe stata monopolizzata da un pensiero costante che l'avrebbe tenuta prigioniera giorno e notte: Vittorio.

Il giorno seguente, quando vide che lui era di nuovo assente, intuì che la sensazione di averlo perso ancora prima di averlo conquistato era giusta. Lui non c'era, non la chiamava e non le mandava neanche un SMS per salutarla. Decise allora di chiamarlo, ma il telefonino risultava spento. Cominciò a diventare paranoica, a immaginare scenari apocalittici in cui lui aveva avuto contrattempi di ogni sorta, incidenti automobilistici, impegni non preventivati e tutto ciò che potesse giustificare la sua assenza. Il suo intuito le diceva chiaramente che la stava evitando, ma il suo cuore innamorato cercava una scusa per sopportare la dura realtà.

Il mercoledì, quando Vittorio salì sul pullman, Elena provò un'emozione fortissima nel rivederlo, ma la gioia durò un attimo: lui si sedette accanto a lei imbarazzatissimo e, mettendosi a braccia conserte, le disse che era stanco, che aveva dormito poco e le parlò con aria annoiata, come se le stesse facendo la cortesia di ascoltarla. Prima di scendere, la liquidò rapidamente dicendole con voce flebile: "Oggi mi aspetta una dura giornata di lavoro, passa una buona giornata!" In quel momento, Elena capì che lui non la voleva più, che lei era diventata scomoda.

A quel punto avrebbe dovuto raccogliere tutta la sua dignità e la sua forza e fare un passo indietro, ma decise di scendere altri gradini dell'inferno in cui si era cacciata; la dipendenza affettiva si era attivata alla massima potenza.

La settimana seguente Vittorio prese a evitarla sistematicamente, sedendosi accanto ad altri viaggiatori e limitandosi a salutarla come fosse una conoscente qualsiasi; arrivati a destinazione, scendeva e spariva senza cercarla, senza chiamarla, senza neanche mandarle un SMS. Elena si sentiva morire e la sua autostima precipitò ogni giorno più in basso.

Cominciò a perdere peso e, presa dall'ossessione per lui, dopo qualche settimana decise di agire: scrisse un biglietto in cui chiedeva a Vittorio di concederle mezz'ora del suo tempo il giorno successivo per parlare e, con un gesto audace, gli infilò il biglietto nella tasca dei pantaloni prima che lui si dileguasse.

L'equivoco

Vittorio stranamente accettò di vederla e, il lunedì seguente, anziché sparire come stava facendo da un paio di settimane, la fece salire sulla sua vecchia utilitaria scolorita dal sole e, con ritrovato buonumore, la portò in una stradina tranquilla dove nessuno potesse disturbarli e, soprattutto, dove nessuno li potesse riconoscere.

Elena si era preparata da giorni un discorso melodrammatico in cui metteva in chiaro come stavano le cose tra lei e lui ma, appena fermi, lui le mise una mano sulla coscia e la guardò con desiderio: non ebbe il tempo di dire nulla che già si stavano baciando. Elena era confusa, dimenticò il discorso che aveva preparato da giorni e si lasciò andare a quel fuoco che la stava divorando da settimane e che, adesso, trovava libera espressione. Fecero sesso in auto, con i vestiti addosso, in pieno giorno, con il rischio di essere visti da qualcuno, ma non se ne preoccuparono.

Quando ebbero finito, lui si ricompose subito, mentre Elena era in una specie di *trance*; i suoi occhi erano lucidi, le pupille dilatate, la sua pelle radiosa, le endorfine in circolo nel suo corpo la facevano sentire magnificamente. Si sentiva ubriaca, ubriaca d'amore. Mentre lui percorreva la strada di ritorno, parlando del più e del meno come se non fosse successo niente, Elena non seppe resistere alla tentazione di accarezzare la sua nuca. Lui si ritrasse in modo brusco e lei realizzò tristemente che Vittorio non aveva cambiato atteggiamento; aveva accettato di rivederla pensando che volesse fare sesso ed essendo ancora attratto da lei aveva deciso di stare insieme a Elena una seconda volta, di approfittare della sua disponibilità.

Per un attimo Elena si era illusa che lui avesse maturato un interesse per lei, ma la verità era che, pur non disdegnando il suo corpo, non aveva alcuna intenzione di avere una relazione d'amore con lei, ma solo di usarla ogni tanto. La scaricò come un pacco a un incrocio e sparì nel traffico mattutino della città; lei si sentì di nuovo sola e abbandonata. "Come ho potuto pensare che potesse amarmi e desiderare di stare con me?" pensò mentre il tormento cresceva.

Nei giorni seguenti Elena cercò di andare avanti come sempre: la casa da mandare avanti, il figlio da seguire, la spesa da fare, il bucato da stendere. Apparentemente tutto continuava come prima, ma niente era come prima. Appena sveglia, il primo pensiero era Vittorio e continuava a pensarlo ininterrottamente per tutto il giorno. Cominciò a soffrire di insonnia e continuava a dimagrire. In meno di tre settimane era passata dall'euforia alla disperazione totale; si arrovellava il cervello pensando a cosa potesse fare per riconquistarlo, cosa fosse andato storto e come sistemare le cose.

Nel frattempo, Vittorio continuava tranquillamente la sua vita routinaria di impiegato modello, di marito integerrimo e padre affettuoso. Si preoccupava molto di difendere la sua immagine sociale di uomo rispettabile che si era fatto da sé e non avrebbe permesso a nessuna donna di rovinarla e di metterlo in imbarazzo di fronte ad amici e conoscenti.

Era prudente ai massimi livelli. Non telefonava e non inviava messaggi, "per non lasciare la traccia", come diceva spesso a Elena. Evitava di dialogare sempre con la stessa donna per non dare adito a pettegolezzi; spesso corteggiava due donne contemporaneamente e, quando erano entrambe presenti, non si preoccupava di evitare di scatenare inutili gelosie, anzi, godeva di quella perfida triangolazione.

Malgrado tutte le sue tattiche e paranoie, però, chiunque avesse un minimo di intelligenza e di intuito poteva facilmente osservare e notare il suo modus operandi: puntava una donna, di solito bella, intelligente e curata nell'aspetto fisico, e l'agganciava con i suoi discorsi da uomo colto, con i suoi modi gentili da uomo di altri tempi e, soprattutto, ascoltandola e facendola sentire unica.

Con Elena, invece, era sempre più imbarazzato e freddo: se proprio doveva rivolgerle la parola, era per dire frasi banali e scontate. Alla quarta settimana dal primo incontro con lui, Elena prese la decisione di affrontarlo a viso aperto per chiarire la situazione; si era convinta che un colloquio chiarificatore potesse risolvere le circostanze alquanto ambigue che si erano create tra loro.

Nonostante fosse una donna più che adulta, non conosceva il funzionamento della psiche di un uomo con un disturbo del comportamento. Una mattina di quella triste settimana, si avvicinò a lui prima che scendesse dal pullman e sparisse nel traffico cittadino e gli chiese di raggiungerla in un bar nelle vicinanze della fermata degli autobus.

A questa semplice richiesta, Vittorio ebbe una reazione emotiva che fece fatica a dissimulare: diventò paonazzo in volto, spalancò gli occhi e le disse: "Non posso, devo andare al lavoro". Elena, mantenendo la calma, replicò: "Dieci minuti contati e poi te ne vai dove ti pare". Lui, visibilmente contrariato, accettò scendendo prima di lei per non dare nell'occhio e raggiungendola qualche minuto dopo con la sua utilitaria di fronte al bar. Lei salì a bordo e lui l'accolse con un sorriso di plastica che suscitò in Elena un misto di sdegno e tristezza.

Fu a quel punto che, in pochi minuti, trovò la forza per dire tutto ciò che pensava di loro due e della situazione imbarazzante che si era creata: "Ho capito che ti senti a disagio a sederti vicino a me e che non vuoi più vedermi", gli disse. Lui non rispose e lei continuò nella sua opera di distruzione del fragile rapporto appena nato: "Potevi dirlo chiaro che non mi vuoi più, non obbligo nessuno a stare con me!". Vittorio non rispose neanche a queste parole.

Inconsapevole di ciò che stava facendo, Elena continuò: "Non sei stato onesto con me, potevi dirmelo prima che volevi solo un'avventura di un giorno oppure che non sapevi gestire una relazione!". A questo punto Vittorio, con un filo di voce, le rispose: "Abbiamo avuto una passione, ma non poteva durare per sempre". Elena sentì il suo viso avvampare e l'ira dentro di sé che stava affiorando in superficie. Cercò di non perdere il controllo della situazione, ma la risposta di Vittorio aveva risvegliato in lei i peggiori istinti distruttivi.

Lo guardò con un'espressione di incredulità e, con tutto il sarcasmo di cui era capace, disse: "Per te un paio di incontri sono una passione? Ti sei tirato indietro prima ancora di cominciare!" Vittorio rispose: "Da ora in poi puoi contare su di me come amico". Elena non riuscì più a frenare le sue emozioni e, in procinto di esplodere come un ordigno nucleare, aprì la portiera dell'auto, mise un piede fuori e, prima di scendere, si voltò verso di lui per pochi secondi dicendogli: "Noi non siamo amici, non lo siamo mai stati!".

Scese dall'auto sbattendo con forza la portiera e attraversò la strada correndo, con le lacrime che scorrevano copiose sul suo bel volto. In pochi minuti aveva rovinato tutto, in pochi minuti aveva fatto il suo gioco malvagio, togliendosi di mezzo da sola e facilitandogli il compito di scaricarla. Tuttavia non era la fine di tutto, era, anzi, l'inizio del suo inferno personale, un inferno che l'avrebbe accompagnata ininterrottamente per due lunghi anni.

SEGRETO n.3: lo "scarto" della preda da parte del narcisista è la terza fase della storia in cui lui, dopo averla maltrattata sottilmente per giorni o mesi, la induce all'esasperazione per farsi lasciare e generare in lei sensi di colpa per la fine del rapporto.

Il fine settimana dopo il colloquio chiarificatore con Vittorio fu uno dei peggiori della vita di Elena. Sentiva un grande vuoto dentro di sé, misto a rabbia; da una parte non sopportava il dolore della perdita di quell'uomo che, in poco tempo, era divenuto il suo sole, la sua ragione di vita; dall'altra era furiosa con se stessa per essersi fatta intortare da uno sconosciuto beneducato, ma che si era rivelato vile, meschino e freddo.

Nonostante la bella stagione in corso, fatta di splendide giornate di sole e con il mare a poca distanza da casa, Elena cominciò una discesa nell'abisso della sua mente. La sua quotidianità aveva perso di significato, niente aveva più senso. Non aveva più stimoli, qualsiasi azione facesse era meccanica come se fosse diventata un robot programmato per svolgere sempre gli stessi compiti.

I primi giorni che seguirono la fine di quella breve illusione, Elena si alzò a fatica dal letto provando già dal mattino una forte angoscia. Aveva già da mesi l'insonnia d'amore che la faceva svegliare tutte le notti, ma adesso si era aggiunto anche un sogno ricorrente. Sognava di aver dimenticato di fare una cosa importante e, a un certo punto del sogno, ricordava quale fosse ma, proprio nel momento in cui la ricordava, si svegliava dimenticandosene nuovamente. Il risveglio era traumatico e la faceva agitare parecchio.

In poche settimane, Elena perse peso e anche il suo colorito peggiorò. Per il dolore della perdita del suo amante e per l'umiliazione dovuta all'indifferenza e all'assenza architettata a tavolino da lui per ferirla deliberatamente, non si rese conto del suo deperimento fisico. Non fece subito caso al fatto che tutti i suoi capi d'abbigliamento le stavano larghi e che il suo aspetto generale non era dei migliori. Ai suoi occhi, le giornate erano diventate improvvisamente grigie nonostante il magnifico sole e il cielo azzurro.

Già dal mattino Elena non aveva voglia di fare nulla; trascinava il corpo per casa cercando di non far trasparire nulla del suo stato d'animo e fingeva persino di essere allegra. Stranamente riusciva a portare a termine tutti i suoi compiti: puliva, stirava, faceva la spesa. Agiva come se non fosse accaduto nulla, ma dentro di sé era calata la notte, desiderava non sentire più quel dolore indescrivibile che le faceva desiderare, almeno una volta al giorno, la morte.

Giunse finalmente il giorno dell'esame ed Elena lo affrontò come aveva sempre affrontato gli esami: mal di pancia mattutino, mani gelate e sudorazione esagerata. Al termine dell'esame, tornò a casa sentendosi fiera del risultato conseguito, nonostante il dispiacere che provava incessantemente per la perdita di quello che pensava essere l'uomo della sua vita.

Nonostante l'amarezza che provava per come si erano svolti i fatti e i continui sbalzi d'umore, cercava di rimanere con i piedi per terra. A tutto questo si aggiungeva il timore di non essere più una brava madre. Alessandro, suo figlio, aveva bisogno di lei per diventare un uomo ed Elena ne era consapevole. Da piccola aveva sofferto per la mancanza quotidiana di suo padre che si era rifatto una famiglia, perciò non aveva nessuna intenzione di far mancare il suo sostegno morale e materiale e la sua presenza fisica al figlio.

Passava le bellissime giornate estive sperando di superare al più presto quel dolore interno scatenato da quell'amore non corrisposto. Con il passare dei giorni, però, non riusciva a stare meglio, anzi, il pensiero di quell'uomo divenne un'ossessione. Molte domande affollavano la sua mente: "Come mai non riesco a trovare pace?" "Cosa posso fare per risolvere questo problema?" "È stato un bene che non mi abbia voluta!" "Non c'era futuro con lui". Andava avanti così tutto il giorno, ogni giorno.

L'estate finì ed Elena, dimagrita e pallida per il lungo penare, riprese a viaggiare per recarsi a Messina, tormentandosi quotidianamente alla vista di Vittorio che saliva, salutava lei e tutti gli altri conoscenti con un sorriso di circostanza, si sedeva e, giunto a destinazione, scendeva tranquillo e pacifico come se nulla fosse. Il suo volto non lasciava trasparire emozioni e appariva sereno.

Quella sua tranquillità irritava Elena, che spesso pensava: "Come fa a essere così freddo, così controllato!" E a questo pensiero se ne aggiungevano tanti altri che contribuivano a renderla molto triste e a non riuscire a ritrovare la serenità perduta. Quell'amore unilaterale aveva riaperto in lei ferite mai del tutto rimarginate, ma in quel periodo ne era del tutto inconsapevole.

Passò il Natale, il Capodanno e pure l'Epifania ed Elena continuava a pensare a Vittorio giorno e notte, era ossessionata da lui. La sua mente non si fermava un istante nel farle ricordare i pochi momenti passati con lui.

SEGRETO n.4: la vittima di un narcisista, dopo lo "scarto", perde la lucidità mentale; il trauma subito e i sensi di colpa le impediscono di vedere la realtà dei fatti; prima si abbassa

l'autostima, poi si dimenticano i torti subiti e si desidera riconquistare il narcisista.

Elena si rendeva conto che non poteva andare avanti in quel modo, a rivedere continuamente il film di quella breve passione, ma non riusciva a dimenticare Vittorio. Dopo aver riflettuto a lungo, decise di agire, decise di tentare un riavvicinamento: se non poteva averlo come amante, si sarebbe accontentata della sua amicizia. Era così bisognosa d'amore che era disposta a tutto, anche a mettere da parte la sua dignità.

Era la fine di gennaio ed Elena si apprestava a prendere il pullman per tornare a Milazzo, sperando d'incontrare Vittorio. Nonostante il freddo, la giornata si presentava magnifica: il sole illuminava e riscaldava il paesaggio e infondeva nuova speranza nel cuore di Elena. Sedutasi al solito posto, in coda al pullman, aspettò con ansia che lui salisse a sua volta. Quando lo vide salire e sedersi poco più in là, si tranquillizzò e attese che arrivassero a destinazione per scendere alla sua fermata.

Vittorio, come al solito, fece finta di nulla nel vederla e, una volta scesi dal pullman e lontani da sguardi indiscreti, la salutò cordialmente come si saluta una semplice conoscente, scambiando convenevoli; poi, il tono della voce di Vittorio cambiò e, come se non fossero trascorse tre stagioni dal loro ultimo incontro, le disse: "Andiamo al solito posto?". Elena, incredula, si trovò impreparata: voleva riprendere un minimo di rapporto amichevole e non si aspettava che lui le chiedesse nuovamente di appartarsi, specialmente dopo essere stata mollata senza spiegazioni.

Rimase qualche secondo senza rispondere, con il fiato sospeso: non voleva apparire la donna disperata e bisognosa quale lei effettivamente era e cercò di resistere all'impulso di seguirlo rispondendogli che non se ne parlava assolutamente. Lui, con occhi di ghiaccio, divenne insistente ed Elena gli rispose: "Se vuoi mi puoi accompagnare a prendere qualcosa al bar". Vittorio accettò e salirono in auto, ma subito le chiese nuovamente di andare al solito posto per parlare tranquilli. Dopo una pausa che sembrò lunghissima, Elena gli rispose: "Va bene, ma solo dieci minuti e poi mi riaccompagni".

Il solito posto si trovava in cima a una stradina stretta a pochi chilometri dal centro della città. Era un luogo con poche case molto vecchie, abitate da persone anziane e solitarie. Una volta arrivati, Vittorio non perse tempo e si fiondò a baciare Elena, che perse ogni controllo di se stessa e si lasciò travolgere da quell'uomo egoista e calcolatore che non era minimamente intenzionato ad avere una storia con lei, ma che approfittava della sua fragilità e del suo bisogno di essere amata.

La passione si consumò in mezz'ora e, quando Vittorio raggiunse il suo piacere, si ricompose in fretta e, nuovamente freddo come il ghiaccio, riaccompagnò Elena. Fermò l'auto, si girò verso di lei e tiepidamente le disse: "Passa una buona giornata". Elena sentì dentro di sé la sensazione di essere stata usata di nuovo ma, paradossalmente, la scacciò pensando che quel ritorno fosse un nuovo inizio per loro due.

L'ossessione per quell'uomo meschino e senza carattere non le consentiva di essere lucida. Non voleva ascoltare la voce interiore che le dava le risposte giuste, che le diceva chiaramente che Vittorio la stava usando a scopo sessuale, che non provava nessun sentimento d'amore, che si sentiva gratificato per il fatto di averla in suo potere. Elena però preferiva illudersi di essere amata e giustificava il comportamento di Vittorio pensando che fosse dovuto ai sensi di colpa nei confronti della povera moglie.

Tuttavia nei giorni seguenti ebbe la conferma che tra loro due non era cambiato nulla, che Vittorio non era tornato da lei, ma aveva semplicemente trascorso un'ora piacevole con una bella donna che si era data a lui spontaneamente. Il dolore psichico si riacutizzò ma, non riuscendo a staccarsi emotivamente da lui, decise di rimanere in attesa di una mossa da parte del freddo e calcolatore Vittorio.

I mesi passavano, nulla accadeva e la salute di Elena peggiorò di colpo: il suo organismo si ribellava alla sofferenza psichica attraverso disturbi psicosomatici. I medici specialisti che interpellava periodicamente si limitavano a prescrivere analisi del sangue e pillole che curavano solo i sintomi dei suoi malesseri, ma i disturbi si ripresentavano puntuali.

Guardandosi allo specchio ogni mattina, Elena non si piaceva più.

Aveva notato un aumento vertiginoso dei capelli bianchi, che nascondeva recandosi dal parrucchiere, ed erano comparse delle piccole rughe che intristivano il suo bel viso. Il suo peso oscillava continuamente a seconda del suo umore e della fame che aumentava nelle giornate più stressanti. Si rendeva conto di essere ossessionata da quell'uomo freddo e insensibile e non sapeva come superare questa fase della sua vita.

Una parte di lei, però, era ancora sana e desiderava guarire da una malattia che viene chiamata amore, ma che con l'amore non ha nulla a che vedere. Cominciò a leggere libri sul mal d'amore di vari autori che, con parole molto semplici, le fecero presto comprendere che i problemi che stava vivendo da tanti anni non dipendevano dagli uomini sbagliati di cui si era innamorata fino a quel momento della sua vita, ma da un disagio profondo e nascosto dentro di lei. Il problema era nascosto nel suo subconscio, ma Elena non immaginava quale fosse, perché aveva seppellito i suoi traumi infantili e li aveva sostituiti con i ricordi più accettabili di un'infanzia tutto sommato più fortunata di tante altre.

L'idea di sottoporsi a una psicoterapia la spaventava molto; non voleva che qualcuno potesse pensare che fosse pazza o che avesse un disturbo della personalità. Viveva in una piccola città dove tutti si conoscevano e non poteva permettere che la sua vita privata diventasse di dominio pubblico. Decise così di risolvere i suoi problemi da sola e cominciò a cercare le risposte al suo disagio su Internet, leggendo qualsiasi articolo, qualsiasi argomento legato alla sua ossessione d'amore e, in questo suo pellegrinaggio interiore alla ricerca della salvezza fisica e mentale, si accostò a nuovi e vecchi guru spirituali.

Oltre a leggere libri, guardò video su *YouTube* di psicoterapeuti che elargivano consigli su come affrontare le difficoltà che l'amore non ricambiato genera inevitabilmente.

Pur avendo compreso di essere una donna bisognosa d'amore, e proprio per questo manipolabile da uomini senza scrupoli, non riusciva a risolvere il dilemma della sua esistenza.

"L'amore è dentro di te"; "L'amore è ovunque, ma tu non hai occhi per vederlo"; "Se metti la tua felicità nelle mani di qualcuno, quel qualcuno te la porterà via". Queste erano le frasi di Don Miguel Ruiz che più l'avevano colpita. Ma, pur comprendendo a pieno il senso di quelle parole, Elena non riusciva a uscire da quel tunnel buio in cui era entrata da troppo tempo ormai. Si rendeva conto di essere ferma sempre allo stesso punto. Cercava di risolvere la situazione con la razionalità ma, quando incontrava Vittorio, le emozioni prendevano il sopravvento e la sua razionalità spariva di colpo insieme alla sua dignità.

Sperava sempre di incontrarlo soltanto per sentire la sua voce e tornare a casa contenta come una bambina di ritorno dal parco giochi. Nei casi più fortunati, lui le chiedeva di seguirlo in auto per appartarsi mezz'ora al solito posto e lei lo seguiva silenziosa e docile come un cagnolino fedele pur di ottenere la sua dose d'amore. Era diventato il *pusher* di quella droga che molti chiamano amore ma che amore non è. Elena aveva dimenticato chi fosse e aveva messo da parte la cosa più preziosa che possedeva: la sua dignità di essere umano, che merita tutto il rispetto e il bene di questo mondo.

In cambio di quella dose di falso amore, sopportava la sottile violenza mascherata da pseudo passione di quell'uomo narcisista che assorbiva tutte le sue migliori energie. Era un uomo freddo ed egoista che desiderava solo pezzi del suo corpo per soddisfare le sue esigenze sessuali e la sua brama di potere e che, una volta ottenuto ciò che voleva, tornava alla sua solita vita come se Elena non fosse mai esistita.

SEGRETO n.5: mai perdere la propria dignità; non bisogna dimenticare che ognuno di noi è unico e irripetibile con il proprio valore: tu vali anche da solo/a, non hai bisogno che siano gli altri a darti quel valore.

Vittorio non la cercava, non la chiamava mai al telefono e non le mandava neanche un SMS per farle gli auguri per le feste comandate, mentre discuteva amabilmente con qualsiasi altra donna interessante davanti ai suoi occhi, fregandosene altamente di quello che Elena potesse pensare o provare intimamente. Pensava che lei lo avrebbe amato incondizionatamente per sempre; credeva di poterla trattare nel modo in cui faceva con la certezza tipica dei narcisisti di ritrovarla sempre disponibile e pronta ad assecondarlo.

Il triangolo

Vittorio aveva puntato una nuova preda, Paola. Era una giovane donna di trentadue anni, molto bella, curata nell'abbigliamento, con un viso incantevole e lunghi capelli folti e neri. Era fidanzata da diversi anni e in procinto di sposarsi; faceva l'avvocata in uno studio legale molto conosciuto al centro di Messina e viaggiava di tanto in tanto sullo stesso pullman in cui viaggiavano Vittorio ed Elena.

Vittorio, come da copione, l'agganciò dopo pochi giorni dalla sua apparizione; mise in atto il solito modus operandi: cominciò a dialogare con lei in modo amabile, mantenendo sempre un tono di voce basso, elencando in maniera discreta le sue competenze professionali, dimostrandosi molto interessato ai suoi discorsi di avvocata rampante in cerca di visibilità e ascoltandola in pacata adorazione.

Paola si sentiva ammirata da quest'uomo più vecchio di lei e provava un certo turbamento quando lui la guardava intensamente. Durante queste chiacchierate, che si svolgevano sotto gli occhi di una sofferente e gelosa Elena, Paola si passava continuamente la mano tra i meravigliosi capelli corvini, segno di interesse verso Vittorio che, dal canto suo, la divorava con gli occhi.

A pochi metri di distanza dai due, Elena tratteneva le lacrime a stento, mentre in lei cresceva una rabbia che avrebbe potuto distruggerla; si rendeva conto che l'oggetto del suo amore era un essere senza cuore, che non si faceva alcuno scrupolo a flirtare con una donna davanti a lei e a ignorarla deliberatamente. Vittorio non temeva nulla da Elena; lei era una donna separata, con un figlio adolescente da tutelare e non poteva certo distruggere la sua reputazione e infangare la sua famiglia facendogli una scenata di gelosia su un mezzo di trasporto pubblico, pieno di occhi e orecchie indiscreti. Così andava avanti indisturbato nella sua opera di annientamento della psiche di Elena.

Trascorsero mesi durante i quali il narciso continuò a corteggiare Paola e a ignorare Elena. Nelle ultime settimane, però, Elena notò che la bella Paola era molto dimagrita; il suo bel viso da bambolina si era sciupato in maniera evidente e Vittorio non era più così amabile con lei. Intuì che tra i due c'era stato qualcosa e che quel qualcosa era già finito. In Paola rivide se stessa all'inizio della storia con il narciso; del resto, i passaggi della storiella di Vittorio con la nuova fiamma erano gli stessi che aveva vissuto lei: corteggiamento serrato ma discreto, sguardi intensi carichi di *pathos,* culmine del desiderio non soddisfatto, primo incontro molto passionale seguito da un secondo incontro molto deludente.

Per chiudere il cerchio, Vittorio aveva posto in essere l'allontanamento graduale ma sistematico di Paola, usando un atteggiamento freddo e scostante. Anche Paola cominciava a porsi mille domande sul cambiamento repentino dell'uomo che fino a pochi giorni prima appariva brillante, caloroso, appassionato e molto disponibile. Anche Paola perse qualche chilo e imbruttì in volto, ma reagì prontamente, allontanandosi da lui, sposando il suo fidanzato e mettendo fine a quella triste e deludente avventura.

Elena la rivide parecchi mesi più tardi, mentre faceva la spesa in un supermercato, con un abitino *premaman* che metteva in risalto un pancino tondo e prominente e si rese conto quel giorno di essersi arenata in una situazione assurda, di dover fare qualcosa per uscire dalla palude in cui si era cacciata. Pensò: "Perché Paola è andata avanti tranquillamente nella sua vita e io continuo a inseguire un fantasma? Perché non riesco a dimenticare un uomo che mi ha fatto e continua a farmi del male?". Continuava a rimuginare sulla sua ossessione, ma non riusciva a trovare una via d'uscita.

La ragione ritrovata
Un'altra estate volò via e, con l'arrivo dell'autunno, un'altra rivale si materializzò davanti agli occhi di Elena. Ironia della sorte, anche lei era avvocata, di nome Laura. Non era piccola e bruna come la precedente, ma alta, biondissima e molto magra. Portava i capelli corti, dal taglio perfetto, sempre puliti e freschi di piega. Si truccava con cura e indossava abiti firmati che valorizzavano la sua corporatura non particolarmente sensuale.

Elena notò immediatamente i suoi difetti. Dopo averla guardata pochi secondi, aveva pensato, con soddisfazione, che non era così bella come appariva a un primo sguardo: "Ha il seno piccolo, le gambe secche e non ha sedere, ed è pure un po' gobba sulla schiena". Ma, nonostante avesse radiografato l'avvocata appurando che non era particolarmente bella, non riusciva a sentirsi tranquilla, perché intuiva che Vittorio si era lanciato in questa nuova conquista e il sentimento di gelosia, che si era sopito durante l'estate, si risvegliò più forte di prima.

La bionda avvocata viaggiava una volta a settimana e non passava inosservata tra i pendolari di sesso maschile, attratti dalla sua eleganza e dai suoi modi affabili anche se artefatti. Lei saliva con estrema grazia le scalette del pullman e si dirigeva con una camminata altera verso la coda del mezzo, sedendosi al centro dell'ultima fila di sedili. Era una scelta studiata a tavolino per essere visibile a tutti gli uomini che salivano dopo di lei.

Era una donna egocentrica che amava essere guardata e desiderata dagli uomini. Spesso intavolava discussioni con qualche adorante passeggero che la inondava di complimenti che alimentavano il suo ego smisurato. Durante queste lunghe discussioni, che in realtà erano monologhi in cui lei raccontava di viaggi fatti all'estero o di quanto la impegnasse il suo lavoro di avvocata, il pubblico maschile l'ascoltava in religioso silenzio, ammirandola e desiderandola sessualmente. Lei, ambiziosa, regalava sorrisi e finta attenzione.

Elena la detestava: era più curata di lei, vestiva abiti ricercati e scarpe molto costose che lei non poteva permettersi ed era realizzata nelle sue ambizioni personali, o almeno così sembrava. A peggiorare la situazione, c'era il fatto che Vittorio la guardava estasiato, come sempre accadeva quando avvistava una nuova preda.

Il martedì mattina, Vittorio, sapendo della presenza di Laura sul pullman, salì tutto ringalluzzito e subito guardò a sinistra per verificare che la bionda efebica fosse seduta in fondo al pullman. Una volta intercettata la nuova preda, si diresse dimesso e fintamente umile verso di lei e le si sedette accanto. Come al solito attaccò bottone con una scusa qualsiasi e lei non si fece pregare. Iniziò il suo solito monologo che stremò tutti i passeggeri seduti nelle vicinanze, costretti a subire la vocina stridula della *femme fatale* che non dava spazio a nessuno nelle lunghe conversazioni che intavolava settimanalmente con gli uomini che pendevano dalle sue labbra.

Vittorio, solitamente logorroico, restò muto come un pesce ad ascoltare le banalità che uscivano da quelle labbra coperte da un rossetto molto costoso color mattone e a guardare quella donna petulante ma attraente come fosse una dea dell'Olimpo. Per la prima volta da quando lo conosceva, Elena pensò che, con Laura, il suo "narciso" si stava rendendo proprio ridicolo.

Il velo che le impediva di vedere la realtà in cui viveva da qualche anno si era sollevato. Negli ultimi tempi aveva pianto calde lacrime pensando di aver conosciuto l'uomo giusto nel momento sbagliato, ma ora cominciava a realizzare che Vittorio in realtà era l'uomo sbagliato in un momento cruciale della sua vita. Era apparso sicuramente per un motivo, ma Elena non riusciva a comprendere quale fosse.

SEGRETO n.6: niente accade per caso; tutte le esperienze che viviamo servono alla nostra crescita interiore; le sofferenze ci fanno diventare più consapevoli di noi stessi e del mondo che ci circonda; non dobbiamo considerarle solo eventi sfortunati,

ma lezioni da imparare.

Adesso che il prosciutto che aveva sugli occhi era caduto, cercava di ingoiare l'amarezza dovuta alla cocente delusione che provava: "Altro che anima gemella, è un coglione come ce ne sono tanti", pensò con astio mentre Vittorio flirtava spudoratamente con Laura a pochi metri da lei. Come aveva già fatto tante altre volte, a un certo punto disse a Laura con un filo di voce: "Mi dai il tuo numero di cellulare?" Laura, dopo qualche secondo di esitazione, si era messa a dettargli le cifre del suo numero telefonico, ignorando che poco più in là c'era una donna con l'animo in subbuglio.

Elena sentì il suo stomaco contrarsi e le sue mani divenire gelate; avrebbe voluto gridare in faccia a quell'uomo, per lei divenuto stupido e insensibile, che lo odiava a morte; avrebbe voluto dirgli tutto il peggio che pensava su di lui e sputargli addosso, ma rimase calma e impassibile di fronte agli eventi e fece finta di nulla.

Arrivati a Messina, Vittorio si alzò allegro e soddisfatto del risultato raggiunto con la bella avvocata e, prima di scendere dal pullman, salutò i numerosi conoscenti presenti, compresa Elena, che avrebbe voluto prenderlo a schiaffi. Una volta sceso, Vittorio compose il numero di Laura per farle memorizzare il suo numero. Laura, che scendeva alla stessa fermata di Elena, raccomandò severamente a Vittorio di non chiamarla prima delle 14.00, dato che doveva affrontare un'udienza in tribunale. Per Laura il lavoro era sacro e nessuno aveva la priorità su di esso e sulla sua ambizione sfrenata.

Laura era sposata con un affascinante avvocato ultraquarantenne, ma amava essere ammirata e desiderata solo per alimentare la sua vanità e per trovare nuovi clienti da portare allo studio. Non era minimamente interessata ad avere una relazione con Vittorio; lui era socialmente troppo modesto, malvestito e insignificante ai suoi occhi. Laura voleva solo manipolarlo per trarne piacere ed energia vitale, niente di più.

Vittorio pensava di averla in pugno, ma la bionda fatale non era disponibile per lui. Malgrado non si aspettasse di essere respinto, non si scompose più di tanto: aveva tante altre prede da catturare e poi poteva sempre ritornare da Elena per un "ripescaggio" fingendo di essere ancora interessato a lei.

Elena quel giorno realizzò, per la prima volta da quando si era innamorata di lui, che la sua pseudo storia era giunta alla fine; malgrado lo amasse ancora, non lo stimava più e ora i suoi occhi lo vedevano per quello che era realmente: un essere freddo, noioso, avaro e dai comportamenti stereotipati. Quel giorno, dopo due anni di tormenti, Elena scrisse *"The end"* in fondo quella storia penosa che tanto dolore le aveva dato.

RIEPILOGO DEL CAPITOLO 5:

- SEGRETO n.1: il narcisista classifica le sue prede in base alle caratteristiche fisiche e psichiche, mettendole in ordine d'importanza; nella sua mente c'è la preferita, la più intelligente, la più dolce, la più bella ecc.
- SEGRETO n.2: il narcisista ama la conquista fine a se stessa; se avverte che la preda è sua, perde immediatamente interesse nei suoi confronti e inizia a svalutarla; per il dipendente affettivo avviene l'esatto contrario: sentendosi rifiutato o abbandonato, si attacca ancora di più al suo carnefice.
- SEGRETO n.3: lo "scarto" della preda da parte del narcisista è la terza fase della storia in cui lui, dopo averla maltrattata sottilmente per giorni o mesi, la induce all'esasperazione per farsi lasciare e generare in lei sensi di colpa per la fine del rapporto.
- SEGRETO n.4: la vittima di un narcisista, dopo lo "scarto", perde la lucidità mentale; il trauma subito e i sensi di colpa le impediscono di vedere la realtà dei fatti; prima si abbassa l'autostima, poi si dimenticano i torti subiti e si desidera riconquistare il narciso.
- SEGRETO n.5: mai perdere la propria dignità; non bisogna

dimenticare che ognuno di noi è unico e irripetibile con il proprio valore: tu vali anche da solo/a, non hai bisogno che siano gli altri a darti quel valore.

- SEGRETO n.6: niente accade per caso; tutte le esperienze che viviamo servono alla nostra crescita interiore; le sofferenze ci fanno diventare più consapevoli di noi stessi e del mondo che ci circonda; non dobbiamo considerarle solo eventi sfortunati, ma lezioni da imparare.

Conclusione

Viviamo una fase storica in cui la tecnologia ci facilita la vita: automobili veloci e dotate di tutti i comfort, *pullman*, treni, aerei, elettrodomestici intelligenti, computer, stampanti, *tablet*, telefonini e tanto altro ancora. L'evoluzione tecnologica continua incessantemente, ma quella umana non segue un percorso lineare.

Da decenni siamo immersi in una fase che molti sociologi hanno definito "deriva narcisistica". Questa fase è stata identificata, a partire dagli anni Settanta del Novecento negli Stati Uniti e poi, ovunque, nel mondo occidentale. Il benessere economico e la diffusione di nuove idee di libertà hanno portato a un individualismo sfrenato, dove ci si illude di poter vivere fuori da ogni regola morale.

Il narcisista patologico mette se stesso al centro del suo mondo, le sue azioni sono dirette a perseguire scopi egoistici e autoreferenziali; non si sente responsabile delle sue azioni e spesso accusa gli altri per giustificare i suoi stessi errori e le sue mancanze. Sebbene il disturbo narcisistico di personalità sia stimato dai testi scientifici intorno al 2% della popolazione mondiale, si tratta pur sempre di una stima che non tiene conto di numerosi fattori, il primo dei quali è che il narcisista non va in terapia spontaneamente e non è consapevole di avere un disturbo della personalità.

Che si tratti di un fenomeno sottostimato lo conferma il fatto che se ne parla moltissimo: su *YouTube* troviamo infiniti video, di psicoterapeuti e di gente comune, che spiegano nel dettaglio la personalità malata dei narcisisti e le tecniche manipolatorie che mettono in atto per ottenere ciò che desiderano a scapito del prossimo.

Le vittime ideali di egocentrici e narcisisti di vario genere e pericolosità sono i dipendenti affettivi, come il personaggio di Elena, che possiamo considerare lo specchio in cui si riflettono personalità malate come quella di Vittorio che, in cerca di ammirazione e di soddisfacimento dei propri bisogni, danno vita a rapporti tossici che hanno sempre un amaro epilogo.

I narcisisti sono incapaci di provare sentimenti autentici; alcuni di essi sono privi di coscienza, etica e morale. Sono uomini e donne che si adattano alla cultura in cui sono immersi; alcuni si descrivono altruisti e svolgono persino professioni umanitarie, ma sono quanto di più lontano ci possa essere dall'umanità.

Vittorio, un uomo sposato apparentemente integerrimo e gentile, nasconde una personalità fredda ed egoista; le sue azioni sono dirette a soddisfare i suoi desideri momentanei; considera le donne che corteggia trofei da aggiungere alla sua collezione privata. Non provando sentimenti autentici ma solo attrazione intermittente, le usa e le getta via, lasciandole senza una motivazione. Elena e le altre prede sono il suo nutrimento: empatiche, bisognose di affetto e pronte a tutto per lui.

Amare un egocentrico o un narcisista significa dare molto senza ricevere nulla in cambio. Non c'è reciprocità nella relazione, solo un rapporto malato in cui il principe azzurro si trasforma in breve tempo in un avvoltoio che può distruggere psicologicamente la sua preda.

La preda di un narcisista è sempre una persona molto fragile, con una bassa autostima e che ha bisogno di amore e attenzioni per sentirsi serena. Anche la preda è "malata" ma, a differenza del suo avvoltoio, può uscire dalla dipendenza affettiva e migliorare la sua vita.

Elena, dopo anni di ossessione amorosa, diventa consapevole che l'uomo che ama è un uomo meschino, noioso e prevedibile nei comportamenti. Delusa ma finalmente lucida, ritorna alla realtà con l'esperienza necessaria per crescere e diventare una donna nuova.

Il mondo è pieno di donne come Elena. Per chi si riconoscesse in lei, il mio consiglio è di farsi aiutare da professionisti competenti, come gli psicoterapeuti, che possono aiutare a uscire da situazioni che sembrano senza via d'uscita.

L'ultimo consiglio: fidati del tuo istinto quando ti invia sensazioni sgradevoli su qualcuno con cui sei in una relazione d'amore o di amicizia. L'istinto è il radar interiore che ci guida nella vita, ma spesso non lo ascoltiamo perché non vogliamo accettare di buon grado che l'altro sia diverso da come l'avevamo sognato.

***

Se ti è piaciuto questo libro ed hai piacere ad entrare in contatto con me, puoi trovarmi qui:

- https://instagram.com/evelinaedvige26?igshid=1wozw1xhjg6on
- https://www.facebook.com/evelina.muscarello.7
- evelinamuscarello@live.it

www.ingramcontent.com/pod-product-compliance
Lightning Source LLC
Chambersburg PA
CBHW050912160426
43194CB00011B/2371